CHRISTOPH GOLLENZ

GOLI *grillt*
BASICS

REZEPTE UND TIPPS VOM WELTMEISTER

LEOPOLD STOCKER VERLAG

GRAZ – STUTTGART

Umschlaggestaltung: Werbeagentur Rypka GmbH, Unterberg 58–60,
8143 Dobl/Graz, www.rypka.at
Titelbild: Alexander Stiegler

Bildnachweis:
Fotos der Meisterschaften und Bewerbe: Helmut Klein
Produktbilder wurden von den Herstellern zur Verfügung gestellt.
Foto auf Seite 49: Rainer Zenz
Alle übrigen Bilder (Rezeptfotos, Reportagebilder): Alexander Stiegler

Bibliografische Information der Deutschen Nationalbibliothek:
Die Deutsche Nationalbibliothek verzeichnet diese Publikation in der
Deutschen Nationalbibliografie; detaillierte bibliografische Daten sind
im Internet über http://dnb.d-nb.de abrufbar.

Hinweis:
Dieses Buch wurde auf chlorfrei gebleichtem Papier gedruckt. Die zum
Schutz vor Verschmutzung verwendete Einschweißfolie ist aus Polyethy-
len chlor- und schwefelfrei hergestellt. Diese umweltfreundliche Folie
verhält sich grundwasserneutral, ist voll recyclingfähig und verbrennt in
Müllverbrennungsanlagen völlig ungiftig.

**Auf Wunsch senden wir Ihnen gerne kostenlos
unser Verlagsverzeichnis zu:**
Leopold Stocker Verlag GmbH
Hofgasse 5/Postfach 438
A-8011 Graz
Tel.: +43 (0)316/82 16 36
Fax: +43 (0)316/83 56 12
E-Mail: stocker-verlag@stocker-verlag.com
www.stocker-verlag.com

ISBN 978-3-7020-1588-6

Layout und Repro: Werbeagentur Rypka GmbH, Unterberg 58–60,
8143 Dobl/Graz, www.rypka.at
Druck: Druckerei Theiss GmbH, 9431 St. Stefan
Printed in AUSTRIA

INHALTSVERZEICHNIS

INHALTSVERZEICHNIS

FINGERFOOD

68
Styrian Moink Balls

78
Welsfilet in Holz

82
Gefülltes Hühnerfilet

FISCH

GEFLÜGEL

102
Rindergab
BBQ-Methode

126
Veggie Burger

FLEISCH

VEGETARISCHES & BEILAGEN

BROT

146
Knoblauchbrot
aus Brotresten

INHALTSVERZEICHNIS

DESSERTS

156
Mozartkugel
im Strudelblatt

BASICS

166
BBQ-Senfsauce

EINLEITUNG

VORWORT

Schon wieder ein Buch von irgendeinem Weltmeister, werden viele denken, Grillbücher von Weltmeistern gibt es ja an jeder Ecke zu kaufen. Warum dieses Grillbuch dennoch besonders ist?

Als gelernter Koch habe ich früh die Leidenschaft entdeckt, Speisen auf Holzkohle zu grillen. Mit der Familie oder Freunden zu grillen, zu plaudern und zu genießen ist für mich eines der schönsten Erlebnisse. Deshalb ist der Garten beinahe ein zweites Wohnzimmer, wo ich grille, Neues ausprobiere, wo ich gerne bin und mich wohlfühle. Grillen ist für mich ein ganz besonderes Lebensgefühl.

2007 nahmen meine Frau Marianne, meine beiden älteren Kinder Evelyn und Oliver und ich zum ersten Mal an einer österreichischen Grillstaatsmeisterschaft teil. Wir waren als Goli Familiengrillteam in Salzburg dabei und haben auf Anhieb den 2. Platz erreicht. 2008 erreichten wir in Horn den 1. Platz und waren Grillstaatsmeister der Amateure. 2009 wurde das Profi-Grillteam Goli & Chef Partie gegründet; bei der ersten Teilnahme in Schlierbach gelang uns der 1. Platz in der Gesamtwertung und wir waren Staatsmeister in der Profiliga. Diesen Erfolg wiederholten wir 2010, dann startete unsere internationale Karriere. 2011 ist es Goli & Chef Partie gelungen, als erstes österreichisches Grillteam die Gesamtwertung der WBQA Grill & BBQ Weltmeisterschaft in Gronau/Deutschland zu gewinnen. Bis heute hat außer uns kein österreichisches Grillteam eine Grillweltmeisterschaft in der Gesamtwertung gewonnen. Auf diesen bislang größten Erfolg in meiner Grillkarriere bin ich sehr stolz. Und ich kann

Christoph Gollenz mit seiner Frau Marianne

behaupten, tatsächlich Tipps und Rezepte vom Weltmeister vorzustellen. Im Buch befinden sich klassische Grillrezepte, aber auch einige anspruchsvolle Ideen. Einleitend biete ich Einblick in die Atmosphäre auf Grillmeisterschaften und stelle mein Team vor. Dem folgt ein Überblick über Grillmethoden und meine liebsten Grillgeräte, außerdem präsentiere ich sinnvolles Zubehör und Werkzeuge. Brennstoffe und Sicherheit beim Grillen werden ebenfalls behandelt. Zum Schluss gebe ich wichtige Informationen zu Auswahl, Zubereitung und Grillmethoden von Fleisch, Geflügel, Fisch und Gemüse und zur Verwendung von Gewürzen, Kräutern, Ölen, Essig und Senf. Mit diesen Basics ausgestattet, kann man seine Grillkünste verfeinern und vielleicht selbst einmal Weltmeister werden.

Ich wünsche allen Lesern viel Spaß beim Ausprobieren der Rezepte und hoffe, mit diesem Buch den einen oder anderen mit dem „Grillvirus" zu infizieren.

GRILLMEISTER-SCHAFTEN

GRILLWETTBEWERBE

Das Grillteam Goli & Chef Partie ist seit fünf Jahren bei internationalen Grillwettbewerben immer unter den besten vier Teams der Welt zu finden. Wir haben bei allen internationalen Veranstaltungen der WBQA seit 2011 teilgenommen und waren dabei immer das beste österreichische Grillteam.

Die WBQA (World Barbecue Association) veranstaltet regelmäßig Grillwettbewerbe im In- und Ausland. International gibt es jedes zweite Jahr eine Europameisterschaft oder eine Grillweltmeisterschaft. Landesmeisterschaften und Grillstaatsmeisterschaften finden in vielen Ländern, so auch in Österreich, jährlich statt. Um an solchen nationalen und internationalen Meisterschaften teilnehmen zu können, muss man Mitglied im Landes- oder im Weltverband sein.

Es gibt Meisterschaften für Amateur- und Profigrillteams; bei internationalen Veranstaltungen sind meist nur Profiteams am Start. Ein Team, das aus Köchen und Fleischern besteht, ist natürlich klar im Vorteil, aber auch immer mehr passionierte Hobbygriller sind unter den Teilnehmern zu finden und keineswegs zu unterschätzen. Ein Team besteht aus mind. zwei und max. acht Personen. Wer es sich zutraut, kann ein Grillteam gründen und bei solchen Grillwettbewerben mitmachen, meist sogar ohne sich qualifizieren zu müssen.

Wer an internationalen Grillwettbewerben teilnehmen möchte, sollte die Finanzierung nicht außer Acht lassen. Das Startgeld ist dabei die kleinste Hürde, die Kosten für Anreise, Unterbringung und Verpflegung der Mannschaft sowie den Transport des Grillequipments sind nicht zu unterschätzen und können durchaus im fünfstelligen Euro-Bereich liegen.

Bevor eine Grillweltmeisterschaft stattfindet, gibt es eine Ausschreibung, die jedes Jahr mit Spannung erwartet wird. In dieser Ausschreibung sind die wichtigsten Punkte zusammengefasst:

- Wann und wo ist der Bewerb?
- Welche Kategorien müssen gegrillt werden?
- Welche Zutaten sind im Warenkorb?
- Wie und wie viele Portionen müssen angerichtet werden?
- Wie wird bewertet?
- Wie viele Juroren gibt es?
- Details zu Ablauf und Reglement

In Europa (im Gegensatz zu den USA) wird ein verbindlicher Warenkorb mit Fleisch, Fisch, Geflügel, Gemüse und Beilagen vom Veranstalter zwecks Chancengleichheit gestellt, alle diese Zutaten müssen von den Teams verwendet werden. Jedes Team soll mit Produkten derselben Qualität an den Start gehen und das Beste daraus grillen. Zutaten wie Gewürze, Öle, Kräuter, Marinaden, Butter usw. dürfen natürlich mitgebracht oder vor Ort besorgt werden. Auch das ge-

9

samte Grillequipment wie Grillgeräte, Zubehör, Kühlschränke, Tische, Zelte usw. sollte mitgebracht werden. Man darf nur Grillgeräte verwenden, die mit Holz, Holzkohle oder Holzpellets betrieben werden, Gasgrills sind meist verboten. Der Veranstalter stellt zwar Grillgeräte zur Verfügung, aber mit eigenem Gerät grillt es sich erstens besser und zweitens ist es nicht sicher, ob genügend Grills für alle Teams zur Verfügung stehen.

Die Anreise erfolgt meist mit dem Auto und einem Anhänger oder mit geräumigen Transportern. Je nach Entfernung zum Wettkampfort sind schon ein bis mehrere Tage für die Anreise einzuplanen. Nach Saidia (Marokko 2013) waren wir sogar 5 Tage unterwegs.

Eine Weltmeisterschaft erstreckt sich meistens über 2–3 Tage. Am ersten Tag wird aufgebaut, zudem erhält jedes Team am

Abend den Warenkorb und kann mit den Vorbereitungen beginnen. Je nach Gericht müssen bis zu 24 Std. für die Zubereitung eingeplant werden. Ein perfektes Beef Brisket sollte mind. 18–20 Std. im Smoker gegrillt werden, bevor es der Jury zur Verkostung gereicht wird. Grillplatz und Grillgeräte müssen dabei rund um die Uhr betreut und bewacht werden. Geschlafen wird wenig und wenn, dann neben dem Grill, um bei Bedarf jederzeit eingreifen zu können. Am Wettkampftag müssen zu vorgegebenen Zeiten die einzelnen Kategorien (Main- und Freestyle-Kategorien) angerichtet und eingereicht werden. Die Abgabe erfolgt im Halbstunden- oder Stundentakt. Bei bis zu acht verschiedenen Kategorien ist das schon eine Herausforderung und verlangt eine gute Planung und hervorragendes Zeitmanagement.

Hauptkategorien
- Chicken – Huhn im Ganzen oder portioniert gegrillt
- Spareribs – Karree oder Bauchrippchen
- Pork Shoulder – Schweineschulter im Ganzen gegrillt
- Beef Briskett – Rinderbrust im Ganzen gegrillt

Freie Kategorien
- Dish of the Homeland – Gericht aus der Heimat
- Vegetarian – Vegetarisches Gericht
- Fish – Fischgericht
- Dessert – Nachtisch am Grill zubereitet

Pro Kategorie müssen je nach Ausschreibung mind. sechs Portionen zubereitet werden. Die Hauptkategorien werden dabei in Foodcontainern, das sind Styropor- oder Aluminiumtassen, die der Veranstalter bereitstellt, angerichtet. Der Sinn dabei ist, dass kein Team einen Vorteil durch die Verwendung von exklusiven Tellern hat. Je nach Veranstaltung werden sechs Portionen in einem Foodcontainer oder sechs einzelne Portionen in separaten Aluschalen angerichtet. Für

das Publikum darf jedes Team pro Kategorie einen Schauteller anrichten und auf seinem Grillplatz präsentieren.

Die fertig angerichteten Foodcontainer müssen zum Abgabetermin in ein Juryzelt gebracht werden. Dort werden sie mit einem Code gekennzeichnet, im Anschluss an die Jurytische gebracht und von sechs geschulten Juroren verkostet und bewertet.

Die WBQA erlaubt die Beurteilung der Gerichte nur durch eine Blindjury. Das heißt, die

Juroren wissen nicht, welches Team das zu bewertende Gericht zubereitet hat. Jeder Juror muss pro Kategorie mind. sechs Portionen verschiedener Teams verkosten und bewerten. Das hört sich lecker an, ist aber gar nicht so einfach und erfordert viel Erfahrung und eine gute Einschulung. Jeder Juror muss fair und objektiv bewerten und persönliche Vorlieben hintanstellen. Die Bewertung erfolgt in Punkten von 1–10 und umfasst mehrere Kriterien.

Gerichte ohne Beilage werden nach den folgenden Kriterien bewertet:

Geschmack/Aroma	45 %
Textur/Zartheit	35 %
Optik (des Hauptbestandteils, z. B. Fleisch/Fisch)	15 %
Kreativität	5 %

Gerichte mit Beilage werden nach den folgenden Kriterien bewertet:

Geschmack/Aroma	45 %
Textur/Zartheit	30 %
Optik (des Hauptbestandteils, z. B. Fleisch/Fisch)	10 %
Kreativität	5 %
Beilage	10 %

Beispiel

Geschmack/ Aroma	45 %	8 Punkte	360
Textur/Zartheit	35 %	8 Punkte	280
Optik	15 %	10 Punkte	150
Kreativität	5 %	10 Punkte	50
Summe		840/100 = Wertung 8,4	

Wie im Beispiel zu sehen, sind gute Bewertungen bei Geschmack und Zartheit viel wichtiger als bei Optik und Kreativität. Es ist aber zu beachten, dass ein optisch ansprechendes Gericht auch besser schmeckt als ein Gericht, das lieblos in den Foodcontainer „geklatscht" wurde.

Alle Kategorien werden einzeln bewertet, das Team mit der höchsten Punktezahl in einer Kategorie darf sich als Sieger oder Gewinner in dieser Kategorie bezeichnen. Zum Beispiel: 1. Platz WBQA Weltmeisterschaft 2015 Kategorie Spareribs. **Der WBQA-Weltmeistertitel geht an das Team mit dem besten Gesamtergebnis in den vorgegebenen Pflichtkategorien.** Wer also Grillweltmeister werden möchte, muss in allen Pflichtkategorien ein gutes Ergebnis abliefern, um zum Schluss als Sieger am Podest zu stehen. Ein Sieg in einer Kategorie reicht nicht aus, um als Weltmeister gekürt zu werden, wenn in allen anderen Kategorien nur hintere Plätze erreicht wurden.

Zu gewinnen gibt es bei nationalen Grillbewerben meistens Sachpreise, Pokale, Medaillen und Urkunden. Bei internationalen Grillbewerben kommen noch Preisgelder in der Höhe von bis zu € 10.000 hinzu. Das hört sich vielleicht sehr verlockend an, aber bei bis zu acht Teammitgliedern heißt es trotzdem weiter arbeiten gehen. In den USA gibt es die meisten Grillbewerbe und auch die Preisgelder sind um einiges höher als in Europa. Wer dort immer im Spitzenfeld mitgrillt und bei vielen Wettbewerben teilnimmt, kann durchaus davon leben.

ERFOLGE BEI WELTMEISTERSCHAFTEN

WELTMEISTERSCHAFT 2011
in Gronau/Deutschland 20.-23. Mai
mit 72 Teams aus 16 Nationen

Team Goli & Chef Partie
Christoph Gollenz, Marianne Gollenz,
Wilfried Lind, Alexander Gollenz,
Josef Krischan, Christian Gaspar,
Silvia Gaspar, Leo Gradl, Kerstin
Gahlen

Platzierung Gesamt: 1

Platzierungen Kategorien:

Huhn	1	Spareribs	2
Schweineschulter	2	Rinderbrust	6
Dessert	5	Funwertung	2

Erster Platz bei den Weltmeisterschaften 2011

WELTMEISTERSCHAFT 2013
in Saidia/Marokko 24.-26. Mai
mit 45 Teams aus 20 Nationen

Team Goli & Chef Partie
Christoph Gollenz, Marianne Gollenz,
Wilfried Lind, Alexander Gollenz, Leo
Gradl, Kerstin Gahlen

Platzierung Gesamt: 4

Platzierungen Kategorien:

Huhn	2	Rinderbrust	3
Dessert	3		

Blick von der Siegertribüne

WELTMEISTERSCHAFT 2015
in Göteborg/Schweden 13.-14. Juni
mit 52 Teams aus 18 Nationen

Team Goli & Chef Partie
Christoph Gollenz, Wilfried Lind, Kim
Fleck, Martin Börst, Alexander Gol-
lenz, Thomas Ellwanger

Platzierung Gesamt: 4

Platzierungen Kategorien:

Fisch	2	Spareribs	4
Vegetarisch	9	Dessert	6

Team Goli & Chef Partie (2015/Schweden)

Team Goli & Chef Partie (2014/Polen)

ERFOLGE BEI EUROPAMEISTERSCHAFTEN

EUROPAMEISTERSCHAFT 2012

in Torhout/Belgien 25.–26. August
mit 58 Teams aus 13 Nationen

Team Goli & Chef Partie
Christoph Gollenz, Marianne Gollenz,
Wilfried Lind, Alexander Gollenz,
Josef Krischan, Leo Gradl, Kerstin
Gahlen, Christoph Schwarzenlander

Platzierung Gesamt: 2

Platzierungen Kategorien:

Fisch	1	Huhn	10
Spareribs	9		

1. Platz Hauptkategorie Fisch

EUROPAMEISTERSCHAFT 2014

in Ustka/Polen 19.–21. Juni
mit 24 Teams aus 10 Nationen

Team Goli & Chef Partie
Christoph Gollenz, Marianne Gollenz,
Wilfried Lind, Kim Fleck, Martin Börst,
Michael Suhr

Platzierung Gesamt: 3

Platzierungen Kategorien:

Homeland	2	Huhn	1
Schweineschulter	1		

Anrichten Schweineschulter

13

GRILLTEAM

Wilhelm Lind
Fleischermeister

Kerstin Gahlen
Leos bessere Hälfte

Alexander Gollenz
Unternehmer

Leo Gradl
Haubenkoch, Grillprofi, Querdenker

Silvia Gaspar
Diplomsommelière

Thomas Ellwanger
Küchenchef

Helmut Klein
Pressefotograf

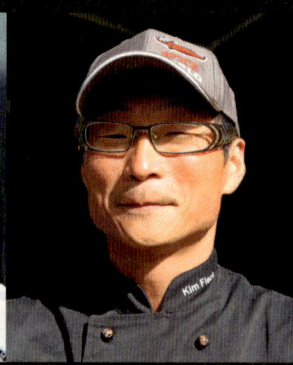

Kim Fleck
Eventmanager Fa. Rösle, Grill-
experte

Christian Gaspar
Küchenchef, Buchautor

Martin Börst
Koch, Pâtissier

Josef Krischan
Küchenchef

Michael Suhr
IT-Spezialist, Inhaber Mickels-
BBQ-Store

Michael Neubacher
Maschinenbautechniker

Christoph Schwarzenlander
Mechatronikstudent

Marianne Gollenz
Bäckerin, Konditorin, Pâtissière

Christoph Gollenz
Koch, Verkaufsleiter Fa. Eisvogel
Molln

GRILLMETHODEN

GRILLTEMPERATUREN		
Direkt-grillen 350-250 °C	**Barbe-cuen** 120 °C	**Warm-räuchern** 60 °C
Indirekt-grillen 250-150 °C	**Heiß-räuchern** 90 °C	**Kalt-räuchern** 30 °C

DIREKTGRILLEN

Das Direktgrillen ist mit Sicherheit die am häufigsten angewandte Grilltechnik in Österreich. Auf diese Art werden schon seit Hunderten von Jahren Speisen am Feuer oder auf der Glut zubereitet. Diese Grillmethode ist ideal für alles, was nur kurz gegrillt wird, wie Steak, Bratwurst oder Grillkotelett.

Das Grillgut liegt direkt über der Glut auf dem Rost. Die hohe Grilltemperatur sorgt für ein ausgeprägtes Branding und das typische Grillaroma. Das Grillgut muss zumindest 1 Mal gewendet werden. Der Grillrost sollte einen Mindestabstand von 5 cm zur Glut haben. Bei dieser Grillmethode können durch heruntertropfendes Fett Flammen entstehen: Daher den Grill niemals aus den Augen lassen!

INDIREKTGRILLEN

Seit der Erfindung des Kugelgrills ist das indirekte Grillen eine sehr beliebte Grillmethode, um mit wenig Aufwand für viele Personen zu grillen. Ideal für Grillhuhn, Schweinsbraten oder große Fische, die im Ganzen zubereitet werden. Das Grillgut liegt hier nicht direkt über der Glut, sondern daneben und die Grillhaube wird beim Grillen geschlossen. Dadurch wird die Hitze von allen Seiten an das Grillgut abgegeben – ähnlich wie in einem Backofen. Im Gegensatz zum Direktgrillen wird das Grillgut bei dieser Grillmethode nicht gewendet. Es ist sinnvoll, unter den Braten eine mit etwas Flüssigkeit gefüllte Auffangschale zu stellen, die zum einen heruntertropfendes Fett auffängt und zum anderen für die Zubereitung von Beilagen verwendet werden kann.

BARBECUEN ODER SMOKEN

In Amerika sehr beliebt, bei uns im Vormarsch sind Barbecue-Smoker, schwere, dickwandige, an Lokomotiven erinnernde Grills, die je nach Größe mehrere Hundert Kilogramm wiegen. Das hohe Gewicht hat den Vorteil, einmal aufgeheizt die Temperatur stabil und konstant über viele Stunden zu halten. Das ist für die Zubereitung von größeren Braten auch nötig: Spareribs brauchen mind. 5 Std. und bis zu 20 Std. können verstreichen, bis eine Rinderbrust butterzart und perfekt im Geschmack ist.

Auch hier liegt das Grillgut immer neben der Glut. Die Temperatur ist mit max. 120 °C deutlich niedriger wie beim indirekten Grillen und als Brennstoff werden meistens Grillbriketts und Holz verwendet. Durch die Verbrennung von Holz und den dabei entstehenden Rauch wird ein unvergleichlicher Geschmack des Fleisches erzielt. Als besonderes Merkmal bildet sich bei dieser Grillmethode der Smokerrand – eine sehr deutliche rote Färbung knapp unter der Oberfläche des Grillguts. Wer keine Lust hat, Stunden bis Tage am Grill zu verbringen, kann sich mit elektronisch gesteuerten Pelletsgrills abhelfen, diese Geräte erledigen diese sogenannten Long Jobs im Schlaf.

RÄUCHERN

Das Räuchern ist grundsätzlich mit jedem geschlossenen Grillsystem möglich. Das gilt nicht nur für Holzkohlegrills, auch auf Gasgrills kann warm und heiß geräuchert werden. Bei Kohlegrills reichen ein kleiner Glutstock und eine Handvoll Buchenspäne aus, um kräftig Rauch zu erzeugen, für Gasgrills gibt es spezielle Räucherboxen, die mit Holzspänen befüllt werden und direkt im Grill über der Flamme platziert für eine rauchige Geschmacksnote sorgen.

Die Temperatur sollte beim Heißräuchern 90 °C nicht übersteigen, beim Warmräuchern liegt die Temperatur bei ca. 60 °C und beim Kalträuchern nur bei max. 30 °C. Je heißer der Rauch, desto kürzer die Räucherzeit. Fischfilets sind in ca. 20 Min. perfekt heißgeräuchert, will man dieselben kalträuchern, dauert das mehrere Stunden. Wer größere Mengen räuchern möchte, sollte über die Anschaffung eines Räucherschrankes nachdenken. Neben den klassischen Buchenholzspänen sind mittlerweile auch andere Holzsorten wie Apfel, Eiche, Kirsche usw. erhältlich.

GRILLGERÄTE

Es gibt sehr viele unterschiedliche Grillgeräte im Handel. Die Frage nach dem Weltmeistergrill lässt sich nicht so leicht beantworten, da bei Weltmeisterschaften pro Team bis zu zehn unterschiedliche Grills benutzt werden. Welcher Grill soll aber nun in den Garten? Auch das hängt von sehr vielen Faktoren ab:

- **Welcher Brennstoff?** Holz, Holzkohle, Gas, Pellets, Strom
- **Offener Grill?** Adventure Grill, Schwenkgrill, Spießgrill, gemauerter Gartengrill usw.
- **Geschlossener Grill?** Kugelgrill, Säulengrill, BBQ-Smoker, Keramikgrill, Haubengrill usw.
- **Aus welchem Material?** Gemauert, aus Eisen, Edelstahl, Keramik, Aluminium usw.
- **Welche Größe?** Es gibt Grills für 2 bis 1.000 Personen, alles ist möglich.
- **Wo möchte ich grillen?** Im Garten, am Balkon, am See oder mobil.
- **Was möchte ich grillen?** Kurz Gegrilltes wie Bratwurst, Steak oder Kotelett oder ganze Braten.
- **Gekauft oder selbst gebaut?** Eigenbauten erfreuen sich immer größerer Beliebtheit, erfordern aber gewisse Kenntnisse.
- **Wer grillt?** Nur eine oder mehrere Personen gleichzeitig, zum Beispiel mit einem Grilltisch.
- **Der Kaufpreis?** Billiggrill oder doch ein Markengerät, an dem ich jahrelang Freude habe.

Der beste BBQ-Smoker mit 8 mm Wandstärke und 500 kg Eigengewicht ist sinnlos, wenn man nur einen Balkon im dritten Stock besitzt. Wer bereits nach 10 Min. grillen möchte, der sollte sich keinen Holzkohlegrill kaufen. Da empfehle ich eher einen Gas-, Strom- oder Pelletsgrill. Generell empfehle ich jedem, der sich nicht sicher ist, welches Grillgerät er anschaffen möchte, zu einem geschulten Fachhändler oder in eine Grillschule zu gehen. Wenn man die Möglichkeit hat, verschiedene Modelle kennenzulernen oder darauf etwas auszuprobieren, fällt die Entscheidung für den perfekten Grill sicher leichter.

Seit einigen Jahren steigt in Österreich die Tendenz zum Zweitgrill. Wer sehr grillinteressiert ist und gerne experimentiert, hat sogar drei oder mehr Grillgeräte im Garten. Ich persönlich benutze derzeit 17 Grills (Tendenz steigend), zwei Räucherschränke, eine große Feuerstelle mit diversen Pfannen und drei Dutch Oven. Die bekanntesten Grilltypen und Arten und jene, die ich auch selbst sehr gerne verwende, möchte ich hier kurz vorstellen.

DIREKTGRILL

Unter einem Direktgrill versteht man ein offenes Grillsystem, bei dem direkt über der Glut oder einer anderen Hitzequelle – Holzkohle, Gas oder Strom – gegrillt wird. Direktgrills haben keine Grillhaube und sind daher bei der Zubereitung von großem Grillgut nicht effizient. Die wahre Bestimmung ist das direkte Grillen von Steaks, Fisch, Burgern, Würsten & Co. Das Grillgut wird zumindest 1 Mal gewendet.

Schickling Campinggrill PremioCamp

Direktgrills gibt es in vielen Größen und Ausführungen und sie werden auch sehr gerne für größere Veranstaltungen benutzt. Bei vielen Modellen, die mit Holzkohle betrieben werden, kann man den Abstand zwischen Grillrost und Glut nur verändern, indem man den Rost in eine andere Position schiebt. Das ist mitunter auch die einzige Möglichkeit, die Temperatur zu steuern. Je höher der Abstand zur Glut, umso geringer ist schließlich die Hitze. Bei teureren Modellen kann der Abstand zur Glut auch mit einem Hebel stufenlos verstellt werden, Gussroste müssen meistens als Zubehör extra gekauft werden. Bei Modellen, die mit Gas oder Strom betrieben werden, erfolgt die Regelung der Temperatur mittels Reglern, bei größeren Geräten können auch unterschiedliche Temperaturzonen eingestellt werden. Mittlerweile gibt es auch spezielle Grillroste, die den Fettbrand fast gänzlich verhindern, weil austretendes Fett und Flüssigkeiten nicht mehr in die Glut oder auf die Brenner tropfen können.

Eine sehr bekannte Variante des direkten Grillens ist das Spießgrillen, sogar ganze Spanferkel werden am Spieß direkt über der Glut gegrillt. Durch das ständige Drehen des Spießes wird das Fleisch rundherum knusprig. Zu den Direktgrills zählen auch Schwenkgrills und gemauerte Grillkamine. Auch mobile Adventure-Grills und Tischgrills gehören zu den Direktgrills.

KUGELGRILL

Der **Holzkohlekugelgrill** ist sicher das bekannteste Grillsystem in Österreich. Es gibt Modelle ab 30–100 cm Durchmesser. Die Standardgröße beträgt ca. 50–60 cm Durchmesser. Alle Modelle haben eine Haube, einen Grillrost und einen Kohlerost. Bei teureren Marken-Modellen sind Ascheauffangbehälter, Deckelthermometer, Kohlekörbe, Deckelscharniere, Ablagen und komfortable Gummiräder Standard. Als Zubehör sind Ablagen, Gussroste, Pfannen, Wokpfannen, LED-Lampen, diverse Halter und Halterungen für Grillzangen und Werkzeug und vieles mehr im Grillfachhandel erhältlich.

Auf einem Kugelgrill kann direkt oder indirekt gegrillt werden. Bei manchen Modellen kann dabei aber nur ca. die Hälfte der Grillfläche zum indirekten Grillen benutzt werden. Zum Anfeuern der Grillkohle oder der Grillbriketts empfehle ich auf alle Fälle

Rösle Holzkohle-Kugelgrill No. 1 F60

einen Anzündkamin, dieser ermöglicht durch den Kamineffekt ein rasches Durchglühen der Kohle.

Bei **Gaskugelgrills** ist die Ausstattung je nach Modell ähnlich oder gleich, trotzdem sind Gasgrills etwas teurer als Holzkohlegrills. Einige Gaskugelgrillsysteme haben den Vorteil, dass auch beim indirekten Grillen fast die gesamte Grillfläche benutzt werden kann. Das wird durch Trichter oder Thermoplatten ermöglicht, die verhindern, dass Fett in die Flammen tropft. Gleichzeitig wird die Temperatur gleichmäßig im Grill verteilt.

Generell grille ich mit dem Kugelgrill – egal ob direkt oder indirekt – immer mit geschlossener Grillhaube. Durch den geschlossenen Garraum wird einerseits der Fettbrand reduziert und man braucht weniger Zeit und Energie, bis das Grillgut fertig ist.

Rösle Gasgrill BBQ-Station Vision G4

GASGRILL

Wer auf spontanes Grillen nicht verzichten will, ist mit einem Gasgrill – als direkter und indirekter Grill erhältlich – bestens beraten. Im Gegensatz zu einem Holzkohlegrill sind die Aufheiz- und Abkühlzeiten wesentlich kürzer, was den Gasgrill zum idealen Grill für schnelle Einsätze macht. Ein Gasgrill wird per Knopfdruck gestartet, die Temperatur kann mit einem oder mehreren Reglern stufenlos eingestellt werden. Bei Gasgrillstationen im mittleren Preissegment sind mind. drei separat regelbare Brenner verbaut, meistens ist noch ein weiterer Brenner in der Seitenablage integriert. Dieser dient wie eine Herdplatte für die Zubereitung von Saucen und Beilagen. Massive Gussroste sind bei vielen Modellen serienmäßig verbaut, spezielle Gasgrillgeräte sind noch zusätzlich mit Infrarotbrennern ausgestattet, die Temperaturen von bis zu 800 °C erreichen. Bei Steak-Liebhabern sind diese sehr beliebt, um das Fleisch kurz und scharf anzugrillen. Bei Modellen im höheren Preissegment sind elektrisch betriebene Grillspieße, Kühlladen, Vorrichtungen zum Verbrennen von Holzchips und viele weitere Extras integriert. Die meisten Gasgrills werden mit Gasflaschen (meist 3-, 5- oder 11-kg-Flaschen) betrieben. Noch nicht ganz so verbreitet sind Gasgrillgeräte, die mit Erdgas betrieben werden, solche werden mit einer Schnellkupplung direkt an eine Gassteckdose angeschlossen. Die Modellpalette bei Gasgrills reicht vom mobilen Campinggrill bis zur Luxus-Gasgrillstation im 5-stelligen Eurobereich.

KERAMIKGRILL

Ein Keramikgrill ist der Alleskönner unter den Grills. Temperaturen von 60–400 °C sind kein Problem. Direktes und indirektes Grillen ist auf der gesamten Grillfläche möglich und das auf mehreren Etagen. Wer es gerne rauchig mag, wird auch mit einem Keramikgrill seine Freude haben. Durch eine spezielle Öffnung im Korpus können während des Grillvorganges Holzchips oder Räuchermehl der Glut zugeführt werden, ohne dabei den Deckel des Grills zu öffnen.

Ein Keramikgrill ist ein Dauerläufer, durch sein hohes Eigengewicht kann mit ca. 2,5 kg

**Monolith
Classic**

Brennkammer entfacht. Rauch und heiße Luft strömen dann durch die Garkammer und entweichen durch den Kamin. Bei Temperaturen von 90–130 °C wird das Grillgut indirekt über längere Zeit schonend gegart, herabtropfendes Fett kann nicht in die Glut tropfen und verbrennen. Je dickwandiger und schwerer das Gerät ist, umso präziser ist die Temperatur zu steuern und konstant zu halten.

Ich verwende Grillbriketts zum Anfeuern und um auf Betriebstemperatur zu kommen, danach wird ausschließlich mit Stückholz befeuert. Buchenholz ist günstig und sehr gut geeignet, aber auch Zwetschken-, Kirsch- und Walnussholz verwende ich gerne zum Barbecuen. Jede Holzsorte entwickelt ein spezielles Raucharoma und sorgt für eine eigene Geschmacksnote.

Mithilfe der Luftklappe, dem Deckel der Brennkammer und der Kaminklappe kann die Luftzufuhr gesteuert und somit die Temperatur sehr genau geregelt werden. Je nach Größe des Models werden 1–3 Thermometer verbaut, um die Temperaturen im Grill zu kontrollieren.

Die Temperatur für typisches Barbecue liegt bei max. 130 °C, aber auch 200 °C zum Brotbacken sind

Grillkohle bei einer Temperatur von 110 °C bis zu 24 Std. gegrillt werden, ohne dabei Kohle nachlegen zu müssen. Ähnlich wie ein Kachelofen speichert ein Keramikgrill die Hitze über mehrere Stunden. Zum Anfeuern braucht man keinen Anzündkamin, es genügt ein Anzündwürfel und nach ca. 30 Min. ist der Grill auf Betriebstemperatur. Gegrillt wird ausschließlich mit Grillkohle. Die Regelung der Temperatur ist sehr exakt und kann auf Grad genau gesteuert werden.

Ein Monolith Keramikgrill ist thermisch nahezu unzerstörbar, alle beweglichen Teile sind aus Edelstahl, somit hat auch Rost keine Chance. Natürlich gibt es auch einen Gussrost und weiteres sinnvolles Zubehör, um den Grill optimal zu nutzen. Der Anschaffungspreis erscheint vielleicht etwas hoch, aber man bekommt dafür einen Grill für Generationen.

BARBECUE-SMOKER

Barbecue-Smoker funktionieren ähnlich wie ein Ofen und sind sehr einfach zu bedienen. Ein Feuer wird neben dem Garraum in der

**Smoky Fun
EuroSmoker**

schnell erreicht. Ein Smoker für Einsteiger hat eine Grillfläche von ca. 40 x 70 cm, eine Wandstärke von 5 mm und wiegt ungefähr 100 kg. Mein „Smoky Fun Reverse Flow Smoker" bietet Platz für ca. 40 kg Braten und wiegt stolze 340 kg.

dem Holzofen – alles ist in einem Gerät möglich und das per Tastendruck, einfach genial.

So viel Komfort und Technik haben natürlich auch ihren Preis. Zwischen € 3.000,– und 6.000,– muss man leider einplanen, um sich einen Marken-Pelletsgrill anschaffen zu können. Auch ein Stromanschluss ist notwendig, um einen Pelletsgrill zu betreiben, da die elektronische Steuerung, der Lüfter und die Förderschnecke mit Strom betrieben werden.

Rösle Pelletsgrill Memphis Elite

 **PELLETSGRILL**

Pelletsgrills haben großes Potenzial. Das Grillen mit Pellets ist sauberer, sicherer und durch eine CO_2-neutrale Verbrennung auch umweltfreundlicher als das Grillen mit Gas, Grillbriketts oder Holzkohle. Weitere Vorteile sind die einfache Inbetriebnahme per Knopfdruck, ohne irgendwelche Anzündhilfen verwenden zu müssen, die gradgenaue Temperatursteuerung und die hohe Effizienz – bis zu 5 Std. Dauerbetrieb mit 1 kg Pellets sind möglich.

Durch den einstellbaren Temperaturbereich von 80–370 °C sind Räuchern, Barbecuen, indirektes und im „Direct Flame Modus" auch direktes Grillen über offener Flamme möglich. Die Zubereitungsmöglichkeiten sind fast unbegrenzt, egal ob Steak oder Rinderbraten, Brot oder Kuchen, Pizza wie aus

 **WOK**

Voll im Trend sind schnelle asiatische Gerichte mit Fleisch, Geflügel, Fisch, Gemüse oder Tofu. Die Zubereitung von Speisen im Wok ist ein Erlebnis und der Geschmack eine Offenbarung. Das Gemüse knackig mit Biss, das Fleisch außen knusprig und innen zart, dazu die herrlichen unverwechselbaren Röstaromen, die man nur aus der echten Wok-Küche kennt.

Für echtes authentisches Woken benötigt man extreme Temperaturen, sie sind die einzige Möglichkeit, das „Wok hei" zu erzeugen. „Wok hei", ausgesprochen he-i, beschreibt den Geschmack, den Geruch und das Aroma,

Roaring-Dragon
TH 76

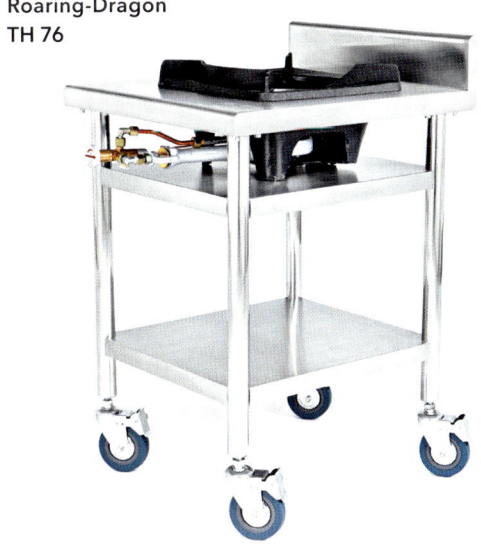

das einer Speise verliehen wird, wenn sie unter Einfluss von Temperaturen über 200 °C in einem Stahl-Wok zubereitet wird.

Für solche hohen Temperaturen braucht man natürlich viel Energie: Ein „Roaring Dragon Wokbrenner" mit 24 KW Leistung ist ideal für die häufigste Garmethode der asiatischen Küche, dem Pfannenrühren oder „stir frying". Dabei werden die Zutaten gleichmäßig und sehr schnell erhitzt, sodass kaum Wasser entweicht und die Vitamine und Nährstoffe erhalten bleiben. Als Brennstoff für diese extremen Temperaturen wird Gas verwendet – rund 1,5 kg pro Stunde. Das hört sich viel an, aber für die Zubereitung von vier Portionen braucht man gerade einmal 5 Min.

Speisen mit dem Wok zubereiten ist anders. Es ist ein echtes Spektakel und gleichzeitig eine äußerst kunstvolle und kultivierte Art, authentische asiatische Aromen zu einem harmonischen Ganzen zusammenzubringen.

🍲 DUTCH OVEN

Ein Dutch Oven ist ein dreibeiniger Topf aus Gusseisen mit einem fest schließenden Deckel und einem hochgezogenen Rand. Er wird unter diesem Namen in den USA und in Australien seit dem 18. Jh. sowohl zum Kochen als auch zum Braten und Backen über offenem Feuer verwendet. Aufgrund der Bauform ist es möglich, glühende Kohlen auf den Deckel zu legen, sodass der Topf von oben und unten beheizt wird und sich die Hitze im Inneren gleichmäßig verteilt. Durch die Dicke des Materials kann die Wärme über einen längeren Zeitraum gespeichert werden. Viele Modelle lassen sich auch an Haken über einer Feuerstelle aufhängen.

Zum Befeuern verwendet man am besten hochwertige Marken-Grillbriketts, billige Briketts riechen oft unangenehm, zerbröseln und können die benötigte Temperatur nicht erreichen oder lange genug halten. Um einen DO auf Betriebstemperatur zu bringen, gibt es eine einfache Faustregel: Um ca. 180 °C zu erreichen, muss man die Größe des Dutch Ovens in Zoll verdoppeln, schon hat man die Anzahl der benötigten Briketts; ⅔ der Briketts auf den DO und ⅓ unter den DO legen. Ein Beispiel: Ein 12 Zoll großer DO benötigt 24 Briketts, davon werden 16 auf den Deckel und acht Stück unter dem Boden platziert. Bei einem 14-Zoll-DO sind es 28 Stück, 19/9.

Zugegeben, es ist nur ein Richtwert, der bei kalten oder windigen Tagen etwas abweichen kann, jeder muss selbst mit der Zeit und mit Übung ein Gefühl für die benötigte Kohlenmenge bekommen. Je schwerer der DO, je mehr Portionen zubereitet werden, desto mehr Energie wird benötigt, um den DO zu betreiben.

Ein Dutch Oven kann sehr vielseitig verwendet werden, für ganze Braten mit Kruste inkl. Beilagen, für Schmorgerichte wie Gulasch oder Rindsrouladen, für Suppen oder Eintöpfe, für Beilagen wie Kartoffelgratin, für Kuchen und Mehlspeisen und mit etwas Übung auch zum Brotbacken.

Camp Chef Deluxe Dutch Oven DO-14

GRILLZUBEHÖR & WERKZEUG

in Mann – ein Grill, so lautete die Devise, die heutzutage aber schon lange überholt ist. Zum ersten Grill gesellt sich beim wahren Grillfan bald ein zweiter und auch beim Kauf von Zubehör wird nicht gespart. Die Grill- und Zubehörindustrie hat den Trend erkannt und bringt ständig neues Equipment auf den Markt. In meiner Funktion als Juror bei den Internationalen Barbecue Awards von FIRE&FOOD bewerte ich seit mehreren Jahren Grillgeräte und -zubehör nach Funktion, Verarbeitung und Praxistauglichkeit, und kann daher beurteilen, was wirklich sinnvoll ist.

Jedes Jahr werden Werkzeuge, neues und interessantes Grillzubehör von Herstellern aus aller Welt eingereicht. Die Bewertung erfolgt unabhängig nach den Kriterien Produktidee, Neuheitswert, Ausführungsqualität, Verarbeitung & verwendete Materialien, Design und Nutzwert. Die Gewinner in den einzelnen Kategorien werden mit Gold, Silber und

Bronze ausgezeichnet. Seit seiner Einführung im Jahre 2004 wird dieser Award auch international immer mehr beachtet.

Ich verwende natürlich auch privat Grillzubehör, davon ein paar Utensilien ständig, andere seltener. Ich unterscheide Zubehör zum Grillen und Werkzeug für die Vorbereitung. Wer gerne kocht, wird sämtliches Werkzeug zum Vorbereiten in der Küche vorfinden. Da ich mit meiner mobilen Outdoorküche oft unterwegs bin, habe ich meinen Trailer mit zehn Vollauszugladen ausgestattet, in denen ich sämtliche Utensilien und Werkzeuge ständig griffbereit dabei habe.

Wichtiges Werkzeug
- Scharfe Messer
- Schneidbretter in verschiedenen Farben
- Sparschäler
- Feine Reibe (Rösle oder Microplane)
- Grätenzange
- Stabmixer
- Mörser
- Knoblauchpresse
- Löffel
- Dosierflaschen
- Marinadenpinsel
- Küchenpapier
- Einweghandschuhe
- Metallschüsseln
- Schneebesen
- Küchenwaage
- Messbecher

WICHTIGES GRILLZUBEHÖR

ANZÜNDKAMIN

Bequemes, gleichmäßiges und schnelles Entzünden von Holzkohle oder Briketts gelingt mit einem Anzündkamin am besten. Einfach einen Anzündwürfel auf einen feuerfesten Untergrund oder auf den Kohlenrost des Grills stellen und mit einem Stabfeuerzeug anzünden, den Anzündkamin mit der benötigten Menge Kohle befüllen und über den brennenden Anzündwürfel stellen. Nach 20–30 Min. wird aus Grillkohle die perfekte Glut und man kann sie im Grillgerät verteilen. Holzkohlebriketts sind nach ca. 60 Min. bereit für den Einsatz.

ANZÜNDWÜRFEL

Mein klarer Favorit sind die „Brandstifter" aus dem Ländle (Vorarlberg), hergestellt aus 100 % Wertstoffen: Holzspäne, Eierkarton und Kerzenwachs. Die Materialien werden speziell gemischt und händisch verarbeitet. Die Brenndauer beträgt mind. 10 Min., wodurch Holz, Grillkohle und Grillbriketts mühelos entzündet werden.

STABFEUERZEUG

Sehr gut geeignet sind Modelle, die keine Flamme, sondern einen kleinen Feuerstrahl erzeugen. Diese ermöglichen auch das Anzünden bei Wind.

GRILLHANDSCHUHE

Lange, robuste Grillhandschuhe aus 100 % Leder schützen Hände und Arme vor Hitze und Funkenflug.

KOHLENSCHAUFEL

Eine Kohlenschaufel aus Aluminium zum Nachlegen von Grillkohle und zum Entsorgen von Asche ist sehr hilfreich.

KOHLENZANGE

Wenn heiße Grillkohle im Kugelgrill umgeschichtet oder verschoben werden soll, schlägt die Stunde der Kohlenzange. Ob als Zange oder Schieber, eine Kohlenzange sollte ca. 50 cm lang und aus Edelstahl sein. Immer Grillhandschuhe verwenden, wenn glühende Kohlen bewegt werden!

KOHLENKÖRBE

Kohlenkörbe sind ideal zum indirekten Grillen. Sie werden im Kugelgrill an den Seiten platziert und mit glühenden Grillbriketts befüllt. Die Position der Kohlenkörbe kann während des Grillens mühelos verändert werden.

GUSSROSTE

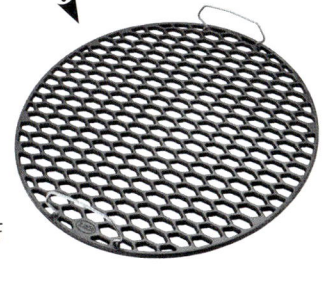

Perfektes Branding, kein Ankleben und die Hitze wird gespeichert. Auf einem Gussrost gelingen nicht nur Steaks, auch Fisch und Fischfilets können einfach gegrillt und mühelos gewendet werden. Emaillierte Gussroste sind sehr pflegeleicht, unbehandelte Gussroste sollte man leicht einölen, wenn sie länger nicht benutzt werden. Egal welcher Grill, Gussroste sind fast in jeder Größe als Zubehör erhältlich.

GRILLZANGE

Fleisch niemals mit einer Gabel anstechen, zum Wenden und Anrichten ist eine Grillzange besser geeignet. Es gibt sehr viele unterschiedliche Modelle, ich verwende lieber kürzere Grillzangen, die aber bei hoher Hitze schnelleres Agieren am Rost erfordern.

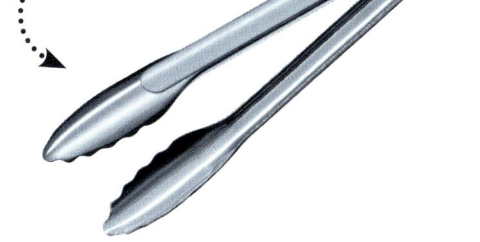

WINKELPALETTE

Zum Wenden von Fleisch, Fisch, Fischfilets und Burgern. Auch beim Anrichten von Strudel und Beilagen erweisen sich solche Paletten als sehr nützlich.

STEAKCHAMP

Egal ob auf Holz, Holzkohle oder Gas – noch nie war es einfacher, ein perfektes Steak zu grillen. Ob medium rare, medium oder medium well, die drei wichtigsten Garstufen werden in einem elektronischen LED-Spieß angezeigt.

SILIKONPINSEL

Grillgut am Rost mit Gewürzöl oder Mopsauce zu bestreichen, hält es saftig und der Geschmack wird verbessert. Ein Silikonpinsel ist ideal zum Auftragen von Saucen und Marinaden geeignet und lässt sich zudem viel leichter reinigen als der klassische Moppinsel aus Baumwolle.

BECHER

Becher mit Emaillebeschichtung sind bis zu 400 °C hitzebeständig und sehr gut geeignet, um kleinere Mengen Sauce zu erhitzen oder Butter zu schmelzen. Sie können wie ein kleiner Topf direkt über der Glut verwendet werden.

GRILLTASSEN

Grilltassen werden beim indirekten Grillen unter dem Grillrost platziert. Dadurch wird der Bratensaft aufgefangen und kann zum Zubereiten einer Sauce verwendet werden. Starke Verschmutzung des Grills durch herabtropfendes Fett wird zudem verhindert. Beilagen, Gemüse oder Lasagne können auch direkt in Grilltassen zubereitet werden. Grilltassen sind meistens aus Aluminium, aber auch aus Edelstahl.

GRILLSPIESSE

Wenn man Grillspieße verwendet, kann man viele kleinere Medaillons auf einmal wenden. Spezielle Doppelspieße aus Edelstahl verhindern, dass sich das Grillgut beim Wenden verdreht. Durch die Länge von über 30 cm können auch größere Portionen gegrillt werden.

RÄUCHERHOLZ

Nur aus heimischen Wäldern zu empfehlen. Räucherholz sorgt für ein besonderes Raucharoma, verschiedene Holzsorten sorgen für das gewisse Etwas beim Grillen und verbessern den Geschmack des Grillguts erheblich. Räucherholz ist für jeden Grill-Typ geeignet, in einer Räucherbox kann es auch bei Gasgrillgeräten zum Einsatz kommen.

GRILLBÜRSTEN

Grillbürsten gibt es in vielen Ausführungen auch für wenig Geld. Die Borsten sollten aus Edelstahl oder Messing sein, damit die Oberflächen der Grillroste nicht beschädigt werden. Bei teureren Modellen können die Bürstenköpfe gewechselt werden.

PUTZSPACHTEL

Eine etwas breitere Putzspachtel verwende ich zum Putzen von Grillplatten, Rosten und für gerade verschmutzte Flächen im Grill.

TRENNFETT IN DER DOSE

Trennfett gibt es im Lebensmittelgroßhandel zu kaufen. Es ist sehr gut geeignet, um Grillroste, Backformen und Bleche einzusprühen. Durch den leichten Fettfilm, den es erzeugt, wird das Ankleben des Grillguts verhindert. Achtung: Nie in den heißen Grill sprühen, da sich der Sprühnebel leicht entzündet!

ALUFOLIE

Ich verwende nur spezielle Grill-Alufolie, da diese erstens breiter und zweitens auch dicker als herkömmliche Alufolie ist.

LÖSCHDECKE, FEUERLÖSCHER

Sicherheit beim Grillen ist sehr wichtig, ich habe immer einen Feuerlöscher und eine Löschdecke dabei, aber beides bis jetzt zum Glück noch nie gebraucht.

HÄUFIG VERWENDE-TES GRILLZUBEHÖR

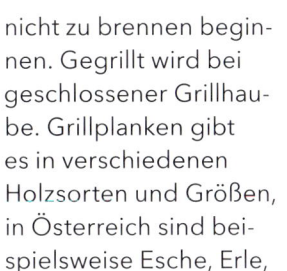

FUNKTHERMOMETER

Für ein perfektes Grillergebnis sollte die Temperatur sowohl im Grill als auch im Kern des Grillguts kontrolliert werden. Funkthermometer, zum Beispiel aus dem Hause Maverick, erfüllen diese Aufgabe souverän. Mit einem Gerät werden gleichzeitig die Kerntemperatur des Fleisches und die Grilltemperatur überwacht.

Das Funkthermometer besteht aus einem Sender mit zwei Messfühlern und einem Empfänger mit großem Display. Bis zu 50 m weit können die Temperaturen übertragen werden. Während des Betriebs können Zielwerte für die Kerntemperatur, die Maximal- und Mindesttemperatur im Grill eingestellt werden. Sobald diese Werte erreicht, über- oder unterschritten werden, ertönt ein akustisches Warnsignal. Der Grill wird somit permanent überwacht und muss nicht ständig beaufsichtigt werden.

nicht zu brennen beginnen. Gegrillt wird bei geschlossener Grillhaube. Grillplanken gibt es in verschiedenen Holzsorten und Größen, in Österreich sind beispielsweise Esche, Erle, Buche, Ahorn, Birke und Kirsche erhältlich, die jeweils ihr individuelles Aroma entwickeln.

HÜHNERSITZ

Ein ganzes Grillhuhn gelingt herrlich – außen knusprig, innen saftig – auf einem Hühnersitz oder Hähnchenbräter. Damit ein Huhn auch knusprig wird, müssen Temperaturen von mind. 180 °C im Grill erreicht werden. Um das Huhn vor Austrocknung zu schützen, wird der Hühnersitz mit Gewürzen, Bier, Cola oder Fond befüllt. Beim Grillen bildet sich so aromatischer Dampf im Inneren des Huhns, der zusätzlich den Geschmack verbessert und das Fleisch saftig hält.

Ein Hühnersitz hat die Form eines Standzylinders, sollte aus Edelstahl sein und ca. 250 ml Flüssigkeit fassen. Mit einem speziellen Heber kann die Position des Grillhuhns während der Zubereitung verändert werden. Auch das fachgerechte Tranchieren gelingt, ohne das fertige Grillhuhn vom Sitz nehmen zu müssen.

HOLZPLANKEN

Das Grillen auf Holzplanken ist sehr schonend, weil das Grillgut vor zu hoher Unterhitze geschützt wird. Gleichzeitig verdampfen Aromastoffe im Holz und erzeugen einen würzigen Geschmack.

Holzplanken sollten vor dem Grillen mind. 1 Std. gewässert werden, damit sie im Grill

FISCHHALTER

Bei der Zubereitung von ganzen Fischen sollte die Bauchhöhle nach oben zeigen, weil die dünneren Bauchlappen schneller garen als der Rücken. Die Bauchhöhle kann mit frischen Kräutern und etwas Butter befüllt werden, so wird der Fisch auf der Hautseite sehr knusprig, bleibt innen aber saftig. Fischhalter aus dem Hause Gourmet Fischgriller sind speziell für diese Grillmethode entwickelt worden. Beim Grillen mit diesen Fischhaltern müssen die Fische nicht gewendet werden, die Haut wird nicht verletzt und rundherum gleichmäßig knusprig.

PIZZASTEIN

Ein Pizzastein ist ein exzellenter Wärmespeicher. Eine unbehandelte, offenporige Oberfläche nimmt die Aromen auf und gibt sie wieder ab. Pizza und Brot werden besonders kross, wenn sie auf einem Pizzastein gebacken werden.

RÄUCHERBOX

Eine Räucherbox mit Holzchips oder Räuchermehl gefüllt verwandelt auch einen Gas- in einen Barbecuegrill. Die Box wird dabei direkt auf einem Brenner platziert und erzeugt aromatischen Rauch, der den Geschmack des Grillguts merkbar verbessert.

BURGERPRESSE

Mit diesem simplen wie cleveren BBQ-Zubehör lässt sich das Hackfleisch für Hamburger schnell, einfach und in gleichmäßiger Größe formen. Die Antihaftbeschichtung im Stempel sorgt dafür, dass beim Pressen nichts kleben bleibt. Anschließend werden die Burger nur mehr gegrillt und nach Geschmack zusammengebaut: Und fertig sind echte selbst gemachte Burger für Genießer.

MARINADENSPRITZE

Zum Injizieren von flüssiger Butter oder Marinaden direkt ins Fleisch, bevor es gegrillt wird. Die Marinade hält das Fleisch beim Grillen saftig, aber auch Gewürze können so ins Fleisch gebracht werden.

LED-ARBEITSLEUCHTE

Wer auch in der Nacht grillt, braucht Licht. Wenn kein Strom in der Nähe ist, sorgt eine batteriebetriebene LED-Arbeitsleuchte für genügend Licht am Grill oder Arbeitsplatz.

BRENNSTOFFE

Wer sich ein neues Grillgerät kaufen möchte, sollte auch über die passende Energiequelle nachdenken. Bei Geräten, die mit Holzkohle oder Gas befeuert werden, gibt es die größte Auswahl am Markt. Aber Strom- oder Pelletsgrills bieten den größten Komfort. Für alle, die bereits die Entscheidung getroffen haben, wie und mit welchem Brennstoff gegrillt werden soll, hier anschließend einige Tipps.

HOLZKOHLE

Beim Kauf von Holzkohle bevorzuge ich kleinere Säcke mit max. 5 kg Inhalt. Bei größeren Säcken, die zwar etwas günstiger kommen, ist meistens der Staubanteil höher. Es dauert auch länger, bis ein großer Sack Kohle leer wird und je öfter der Kohlesack hervorgeholt und wieder verräumt wird, umso mehr Bruch und Staub entstehen in der Kohle. Deshalb Kohlensäcke auch niemals werfen oder auf den Boden fallen lassen. Ich transportiere und lagere die Säcke immer liegend und versuche, größere Erschütterungen zu vermeiden. Die Kohlen gehören natürlich trocken gelagert. Säcke, die beschädigt sind, sollten zuerst verwendet werden. Generell kaufe ich nur Marken-Grillkohle auf Vorrat, bei günstigen Angeboten ist es ratsam, zunächst einmal nur einen Sack zu probieren. Wenn die Qualität passt, zuschlagen.

**Folgende Kriterien zeichnen
eine gute Grillkohle aus:**

- Der Inhalt sollte wenig Staub enthalten und die Stücke sollten gleichmäßig groß sein.
- Der Klang der Kohle soll hell klirrend sein, ein Beweis dafür, dass nur hartes Holz verkohlt wurde.
- Beim Anzünden soll wenig bis gar kein Rauch entstehen.
- Der Geruch der brennenden Kohle sollte angenehm sein, keinesfalls unangenehm riechen.
- Die Kohle soll zügig und gleichmäßig durchglühen.
- Die Glut sollte je nach Größe der Kohlenstücke 30–60 Min. anhalten.
- Sind die Kohlenstücke kleiner, kann auch während des Grillens in kleinen Mengen nachgelegt werden, ohne dass Rauch entsteht und die Temperatur dabei zu stark abfällt.
- Im Vergleich zu Grillbriketts sind Grillkohlen am Anfang heißer, dafür ist die Brenndauer kürzer.

GRILLBRIKETTS

Bei Grillbriketts verhält es sich ähnlich wie bei Grillkohle. Im Gegensatz zu Bruchkohle sind gute Briketts aber ein Hochleistungsbrennstoff mit bis zu 4 Std. Brenndauer.

Ich bevorzuge Marken-Grillbriketts. Die kaufe ich auch gerne auf Vorrat. Bei günstigen Angeboten immer zuerst testen, ob der kleinere Preis auch gerechtfertigt ist.

Die Säcke nicht werfen, sondern stets schonend transportieren und trocken lagern.

**Folgende Kriterien zeichnen
gute Grillbriketts aus:**

- Die einzelnen Briketts sollen gleich groß, im Sack soll wenig Bruch und ein geringer Staubanteil enthalten sein.
- Je hochwertiger und fester die Briketts, desto glatter ist die Oberfläche.

- Beim Anzünden soll kein übler Geruch und nur wenig Rauch entstehen.
- Gute hochwertige Briketts brennen sehr schwer an, ein voller Anzündkamin darf durchaus 1 Std. Zeit zum Durchglühen benötigen.
- Nachdem die Briketts durchgeglüht sind, sollte noch in etwa dieselbe Menge wie zu Beginn vorhanden sein. Ist der Anzündkamin nur mehr halb voll, ist die Qualität nicht gut.
- Die Brenndauer sollte mind. 2–3 Std. betragen, die Temperatur darf nur langsam fallen.
- Die Anfangstemperatur soll je nach Größe des Grills und der verwendeten Kohlenmenge 250–350 °C betragen. Kokosbriketts sind noch nicht so weit verbreitet, aber ein echter Geheimtipp, sie brennen noch länger und heißer als Briketts aus Braunkohle.

HOLZ

Stückholz wird sehr häufig beim Barbecue verwendet, das dafür typische Grillgerät ist ein BBQ-Smoker oder Barrel-Smoker. Je nach Größe des Grillgerätes die Holzstückgröße wählen, so kann eine Brennkammer oder Side Fire Box (SFB) mit 50 x 50 x 50 cm Größe ohne Weiteres mit Holzscheiten mit 33 cm Länge befeuert werden. Holz zum Grillen sollte mind. 2 Jahre getrocknet werden, bevor es verwendet wird. Nur Laubhölzer zum Grillen verwenden, ich benutze vorwiegend Buchenholz, Ahorn, Zwetschkenholz, Kirschholz, Apfelholz und Nussbaum; Nadelhölzer wie Fichte, Tanne oder Kiefer verwende ich kaum.

Wer keinen Wald besitzt, muss auf Holz aus dem Handel zurückgreifen, Buchenholz ist sehr leicht verfügbar, auch der Preis ist

mit ca. € 80,– pro Raummeter akzeptabel. Bei Obsthölzern ist die Beschaffung schon etwas schwieriger. Aber es gibt hin und wieder in der Nachbarschaft einen Obstbaum, der gefällt werden muss und manchmal wird das Holz sogar verschenkt, weil der Besitzer keine Verwendung dafür hat. In diesem Fall sollte man sofort zugreifen. Ein alter Apfelbaum aus Nachbars Garten ist das perfekte Grillholz. Solche Obstbäume wurden meistens nie mit Pflanzenschutzmitteln gespritzt, bei Obstbäumen aus Intensivnutzung ist das leider anders. Auch alte Rebstöcke wurden zigmal gespritzt, bevor sie als Grillholz im Fachhandel landeten. Ich persönlich habe bei solchen Hölzern ein ungutes Gefühl, weil ich mir nicht sicher bin, ob eventuell Schadstoffe im Holz zurückgeblieben sind, die bei der Verbrennung freigesetzt werden. Ich kaufe daher nur unbehandeltes Holz aus der Region und aus heimischen Wäldern. Das Holz sollte trocken und vor Regen geschützt am besten im Freien gelagert werden.

PELLETS

Grills, die mit Holzpellets befeuert werden, befinden sich auf dem Vormarsch in unsere Gärten. Egal ob günstigere Einsteigermodelle oder Premium-Marken-Pelletsgrills, beide benötigen zusätzlich einen Stromanschluss. Die Grilltemperatur wird durch die Verbrennung von Holzpellets erzielt. Grillpellets gibt es im Fachhandel in verschiedenen Sorten: Buche, Ahorn, Apfel, Kirsche, Eiche und diverse Mischungen sind in Säcken oder in Eimern erhältlich. Die Pellets sollten wenig Staub enthalten und angenehm riechen, Markenpellets verfügen meist über ein Reinheitszertifikat. Der Preis ist in etwa gleich wie bei guter Grillkohle, der Verbrauch bei fast allen Pelletsgrills sehr sparsam. Pellets zum Heizen, die in Baumärkten in 10-kg- oder 15-kg-Säcken angeboten werden, sind meistens aus Nadelhölzern hergestellt und sollten nicht in einem Pelletsgrill verwendet werden. Dasselbe gilt für Pellets, die für Heizungsanlagen lose zugestellt werden.

GAS

Seit einigen Jahren wird das Grillen mit Gas immer beliebter, denn es ist praktisch, gesund und sauber. Beim Gasgrill steht die Hitze sozusagen auf Knopfdruck zur Verfügung und kann stufenlos geregelt werden. Beim Grillen mit Gas entstehen weder Rauch noch Ruß oder Asche. Außerdem sind die meisten Gasgrills schnell und einfach zu reinigen. Betrieben wird ein Gasgrill mit handelsüblichen Gasflaschen, je nach Hersteller mit 3–11 kg Inhalt. Eine 11-kg-Flasche reicht in der Regel für die gesamte Grillsaison. Besonders praktisch sind Gas-Light-Flaschen. Das Eigengewicht der Kunststoffflaschen beträgt nur etwa die Hälfte einer herkömmlichen Stahlflasche. So ist die Flasche einfach und komfortabel zu transportieren. Hinzu kommt, dass der aktuelle Gasfüllstand durch das halbtransparente Material sichtbar ist. Dadurch weiß man immer, wann es Zeit ist, sich eine neue Flasche zu besorgen. Beim Kauf der ersten Gasflasche muss ein Einsatz bzw. Pfand bezahlt werden, danach wird die leere Flasche immer wieder gegen eine volle

getauscht. Kleinere mobile Gasgrills werden auch mit Gas-Kartuschen betrieben, diese sind sehr leicht und platzsparend zu transportieren. Der Nachteil ist, dass der Inhalt im Vergleich zu großen Gasflaschen ein Vielfaches kostet.

STROM

Strom ist sauber, fast überall verfügbar und er kommt aus der Steckdose, es muss kein Vorrat angelegt werden und Sie stehen nicht am Sonntag vor dem Problem, Grillkohle oder eine Gasflasche besorgen zu müssen. Es entfällt der Vorgang des Anheizens, ein Knopfdruck genügt und nach wenigen Minuten kann gegrillt werden. Über einen Regler können der Strom und damit die Hitze reguliert werden. Dies ist einer der größten Vorteile des Elektrogrills. Die Leistung von vielen Elektrogrillgeräten ist mit ca. 2.000–3.000 Watt ausreichend, aber kein Vergleich zu Holzkohle-, Gas- oder Pelletsgrills.

Auch die Grillfläche ist bei Elektrogrills meistens nicht so groß. Es sollte nicht zu viel Grillgut auf einmal am Rost platziert werden, da ansonsten die Leistung für ein perfektes Grillergebnis nicht ausreicht. Grillen in der Wohnung oder am Balkon ist mit Strom sicher eine Alternative, aber im Garten kann sich eine fehlende Steckdose als Problem erweisen. Durch den hohen Stromverbrauch ist es gar nicht so einfach, einen Elektrogrill über ein Verlängerungskabel mit Energie zu versorgen, da zum einen die Kabel sehr warm werden können und zum anderen der Spannungsabfall die Leistung des Grills verringert. Es ist auch wichtig, die Kabel so zu verlegen, dass niemand darüber stolpern kann und den Grill samt Grillgut mitreißt. Derselbe Geschmack, wie wenn auf Holzkohle gegrillt würde, kann auch auf Elektrogrills umgesetzt werden. Durch die Verwendung von Holzchips kann ganz leicht eine rauchige Note erzielt werden.

In Grillschulen wird der richtige Umgang mit Grillgeräten, Werkzeugen und Brennstoffen erklärt.

SICHERHEIT

Zum Thema Sicherheit beim Grillen sind viele Regeln und Gebote in verschiedenen Broschüren, Büchern und im Internet zu finden. Auch im Grill-Fachhandel wird jeder Kunde genau über Gefahrenquellen informiert und beraten.

In vielen Grillschulen wird der richtige Umgang mit Grillgeräten, das sichere Anzünden und Inbetriebnehmen erklärt. Gute Beratung, das Vermitteln des richtigen Handlings und Sicherheit stehen dabei im Vordergrund. Trotzdem passieren jedes Jahr zu viele Unfälle beim Grillen, die sehr leicht verhindert werden könnten.

Eigentlich passieren diese Unfälle aber gar nicht beim Grillen, sondern meistens vor oder nach dem Grillen bzw. beim Anzünden oder nach dem Essen, wenn die Aufmerksamkeit nicht mehr gegeben ist. Beim Anzünden von Grillkohle werden leider sehr oft flüssige Brandbeschleuniger verwendet und es passieren immer wieder schwere Unfälle mit zum Teil fatalen Folgen. Auch die sehr lange Brenndauer von Holzkohle und Grillbriketts wird häufig unterschätzt, diese Brennmaterialien können sogar noch nach Stunden zu schweren Verbrennungen führen. Ich bin davon überzeugt, dass ein moderner Gasgrill weniger Gefahren birgt als ein Holzkohlegrill.

**Tipps, damit das Grillen
mit Sicherheit gelingt:**

1. **Den Grill fachgerecht aufstellen, mit sicherem Stand, nicht in der Nähe von leicht brennbaren Materialien, trockenen Sträuchern, hohem Gras oder Bäumen.**

2. **Ich verwende niemals flüssige Anzündhilfen, um ein Feuer zu entzünden.** Ich verwende ausschließlich ökologisch produzierte Grillanzünder aus Wertstoffen.

3. **Niemals in geschlossenen Räumen grillen. Erstickungsgefahr!** Auch nicht in der Garage!

4. **Zu viel Alkohol ist gefährlich, weil Gefahren unter Alkoholeinfluss unterschätzt werden.** 1–2 Bier sind sicher kein Problem, betrunken grillen ist jedoch sehr gefährlich.

5. **Kinder mit einbinden, ihnen den Umgang mit Feuer und Glut näherbringen.** Feuer zieht Kinder magisch an, darum unbedingt aufklären und nicht ausgrenzen.

6. **Den Grill, solange er heiß ist, beaufsichtigen.** Auch nach dem Grillen sind viele Geräte noch sehr lange heiß.

7. **Niemals versuchen, einen brennenden Grill mit Wasser zu löschen.** Immer eine Löschdecke oder einen Feuerlöscher bereithalten.

8. **Die Brenndauer von Grillkohle und Briketts nicht unterschätzen.** Hoch-

wertige Grillbriketts sind auch nach mehreren Stunden noch glühend heiß!

9. **Gasgrills regelmäßig überprüfen und warten.** Defekte Teile und poröse Gas-Schläuche unbedingt erneuern.

10. **Die Grillhaube bei Gasgrills immer zuerst öffnen, bevor gezündet wird.**

11. **Fettauffangschalen regelmäßig kontrollieren und reinigen.** Auch altes Fett kann sich entzünden und zu brennen beginnen.

12. **Asche und Glut im Grill auskühlen lassen.** Am nächsten Tag kann die kalte Asche auch entsorgt werden.

13. **Genügend Zeit einplanen für die perfekte Glut.** Bei Grillkohle mind. 30 Min., bei Briketts 1 Std. zum Durchglühen einkalkulieren.

14. **Hochwertiges Grillequipment ist auf Sicherheit geprüft.** Marken-Grillgeräte sind vielleicht etwas teurer, dafür auch sicherer.

15. **Vor der Inbetriebnahme eines neuen Grillgerätes die Gebrauchsanweisung lesen.** Zuerst informieren: Das schützt vor bösen Überraschungen.

16. **Im Brandfall nicht überreagieren, sondern Ruhe bewahren.** In den meisten Fällen reicht es, den Grill zu schließen und die Luftzufuhr zu unterbinden.

LEBENSMITTEL

FISCH

WO KAUFE ICH FISCH?

Als Verkaufsleiter im Bereich Gastronomie bei der Firma EISVOGEL in Molln sitze ich natürlich an der Quelle. Süßwasserfische wie Forellen, Saiblinge, Huchen, Karpfen, Störe usw. werden täglich frisch geschlachtet und auf Wunsch filetiert. Meeresfische wie Goldbrassen, Wolfsbarsche, Lachse, Seeteufel usw. werden 2–3 Mal pro Woche auf Eis geliefert und von der internen Qualitätskontrolle genauestens überprüft. Ich habe die Möglichkeit, aus einer riesigen Auswahl von Fischen, Fischfilets, Muscheln, Krustentieren und Weichtieren zu wählen und bekomme meine Bestellung innerhalb weniger Stunden ins Büro geliefert. Das ist natürlich ein Privileg, das nicht jeder genießt. Wo kauft man nun seinen Fisch?

Wer die Möglichkeit hat, seinen Fisch direkt ab Teich bei einem Fischzüchter zu kaufen, sollte zugreifen, die Fangfrische ist dabei mit Sicherheit garantiert, aber das Angebot nur auf Süßwasserfische begrenzt. Ein auf Fisch spezialisierter Fachhändler bietet ein sehr großes Sortiment an heimischen und internationalen Fischen an, natürlich auch eine gute Beratung, und er übernimmt sehr gerne die Vorbereitungsarbeiten. Er nimmt den oder die Fische aus, schuppt und filetiert sie, schneidet Portionen und verpackt sie auf Wunsch mit Eis, damit beim Transport nach Hause die Kühlkette nicht unterbrochen wird. Dieser Service ist sehr wertvoll und sollte einen vielleicht etwas höheren Kaufpreis auf jeden Fall rechtfertigen. Viele Supermärkte bieten in der Frischfischabteilung nicht ganz

so viel Auswahl, aber ein durchaus sehenswertes Sortiment an frischen Fischen und Meeresfrüchten, das Personal ist bestens geschult und auch Beratung und Service sind ähnlich wie im Fischfachhandel sehr gut. Generell sollte jede Frischfischtheke einen sauberen, gepflegten Eindruck machen, die Fische sollten als frische Ware erkennbar

sein und gut gekühlt auf Eis liegen, bei bereits verpackter Ware unbedingt auf das Mindesthaltbarkeitsdatum achten. Frischer Fisch oder Fischfilets sollten mind. noch 2 Tage ab dem Kauf haltbar sein.

Bei Garnelen und Meeresfrüchten dürfen es auch tiefgekühlte Produkte sein, ebenso auch bei Dorsch-, Kabeljau- und Zanderfilets. Bei Tiefkühlprodukten werden die fangfrischen Fische und Meeresfrüchte sofort nach der Verarbeitung schockgefrostet und verpackt. Beim Kauf sollte man auf den Glasuranteil achten, der nicht mehr als 10 % ausmachen sollte.

Die Herkunft, Nachhaltigkeit oder Zucht- bzw. Fangmethode sollte ebenfalls bedacht werden, um seinen Fisch mit reinem Gewissen genießen zu können. Bei Wildfang ist das **MSC**-Siegel (Marine Stewardship Council)

und bei Zuchtfischen das **ASC**-Siegel (Aquaculture Stewardship Council) eine gute Wahl. Diese Produkte wurden genau kontrolliert, sind zertifiziert und rückverfolgbar. Gütesiegel wie **AMA** oder **Genussland** bestätigen beispielsweise, dass der Fisch zu 100 % in Österreich geboren, aufgewachsen und geschlachtet wurde.

WANN KAUFE ICH FISCH?

Fisch sollte so spät wie möglich gekauft werden. Es ist ratsam, zuerst alle anderen Zutaten für die Grillparty zu besorgen und erst am Ende des Einkaufs in die Fleisch- und Fischabteilung zu gehen. Ist der Fisch gekauft, sollte er so schnell wie möglich nach Hause in den Kühlschrank kommen. Bei längeren Wegen empfehle ich den Transport auf Eis oder in einer Kühlbox.

■ Ja, senden Sie mir kostenlos und unverbindlich Ihre **Prospekte** und/oder den **STOCKER-Newsletter.** Wir informieren Sie künftig kostenlos und unverbindlich über unsere Neuerscheinungen.

Name:

Beruf:

Straße:

Postleitzahl/Ort:

E-Mail:

Telefon:

Stocker Verlag GmbH, Hofgasse 5, 8010 Graz, Österreich
Tel.: +43/316/82 16 36
Fax: +43/316/83 56 12
E-Mail: stocker-verlag@stocker-verlag.com
Internet: www.stocker-verlag.com

Leopold Stocker Verlag

Postfach 438
Hofgasse 5

8011 Graz

Liebe Leserin, lieber Leser,

wir freuen uns über Ihr Interesse an unserer Verlagsarbeit.
Gerne informieren wir Sie über Neuerscheinungen aus
unseren Programmbereichen.

Diese Karte entnahm ich dem Buch:

_____

Ihre Meinung zu diesem Buch:

_____

Wie gefällt Ihnen unser Programm?

_____

Welches Thema vermissen Sie?

_____

Welche Vorschläge für Neuerscheinungen
haben Sie für uns?

_____

Auf dieses Buch wurde ich
aufmerksam durch:

- ☐ Buchhandlung
- ☐ Buchhandelsprospekt
- ☐ Buchbesprechung
- ☐ Empfehlung
- ☐ Anzeige
- ☐ Inserat in: _____
- ☐ Verlagsprospekt
- ☐ Anderes: _____

Ihre Angaben helfen uns, unsere Bücher noch interessanter für Sie zu machen. Unter allen Einsendern
verlosen wir jährlich 50 Buchtitel. Der Rechtsweg ist ausgeschlossen.

Besuchen Sie uns auch im Internet: www.stocker-verlag.com

WIE ERKENNE ICH, OB DER FISCH AUCH FRISCH IST?

Bei **ganzen Fischen** ist das sehr einfach:

- Die Augen sollten klar und nach außen gewölbt sein.
- Die Kiemen sollten tiefrot sein, nicht braun oder grau.
- Der Geruch sollte angenehm sein, frischer Fisch riecht nicht stark „fischig".
- Die Haut sollte fest und glatt sein. Ist der Fisch schon älter, bekommt die Haut Falten und trocknet aus.
- Der Fisch sollte bei Daumendruck fest und elastisch bleiben; wenn eine tiefe Druckstelle zurückbleibt, ist er schon weich und somit auch älter.
- Die Bauchhöhle sollte sauber ausgenommen sein, es dürfen keine Gräten aus den Filets ragen.

Ist der Fisch bereits filetiert, wird es etwas schwieriger, aber auch bei Fischfilets gibt es einige Merkmale zu beachten:

- Das Filet sollte fest und elastisch sein.
- Der Geruch sollte angenehm sein.
- Die Stehgräten sollten nicht aus dem Filet herausragen.
- Die Stehgräten sollten beim Zupfen etwas Widerstand leisten. Wenn sie sich ganz leicht herausziehen lassen, ist das Filet bereits älter.

WIE UND WIE LANGE LAGERE ICH FRISCHEN FISCH?

- Die Lagertemperatur sollte +4 °C nicht übersteigen, besser wären max. +2 °C.
- Der Fisch sollte am besten luftdicht (vakuumverpackt) oder zumindest in einem dicht verschließbaren Behälter gelagert werden.
- Süßwasserfische können nach der Schlachtung bei +2 °C bedenkenlos bis zu 1 Woche gelagert werden.
- Bei Meeresfischen gilt das Gleiche. Es sollte aber bedacht werden, dass bereits mind. 4 Tage vergehen, bis dieser bei uns in den Handel gelangt.

PASSENDES ZUBEHÖR ZUM GRILLEN VON FISCHEN

Ein absolutes Muss für jeden Fischliebhaber, der gerne **direkt** grillen möchte, ist ein **Gussrost**, der die Hitze perfekt speichert. Auch das Klebenbleiben hat auf einem Gussrost keine Chance. Fast jeder Grillhersteller bietet Gussroste in verschiedenen Ausführungen und Größen als Zubehör an.

Sollte keiner in passender Größe verfügbar sein, dann empfehle ich, nur einen Teil der Grillfläche mit einem kleineren Gussrost zu bestücken, den man auf den Seriengrillrost legt. Soll der Fisch den Grillrost nicht berühren, empfehle ich die Marke **Gourmet Fischgriller** mit einer großen Auswahl von **Fischhaltern**, die für Fische bis zu 1 m Größe

vorzugt aus heimischen Hölzern wie Buche, Kirsche oder Ahorn. Exotische Holzsorten aus Fernost oder Übersee verwende ich kaum, weil sie erstens sehr teuer sind und zweitens beträgt der Transportweg Tausende Kilometer. Ich persönlich empfinde es als nicht sinnvoll, Grillhölzer nach Österreich zu importieren, wo unser Land fast bis zur Hälfte mit Wald bedeckt ist.

Eine vernünftige **Grätenzange** zum Zupfen der Stehgräten sollte auch nicht fehlen.

Eine etwas breitere **Winkelpalette** eignet sich sehr gut zum Wenden von ganzen Fischen und Fischfilets. Wer Fische hängend räuchern möchte, braucht dafür **Räucherhaken**, am besten rostfreie aus Edelstahl.

EINIGE GRILLTECHNIKEN UND ZUBEREITUNGSMÖGLICHKEITEN:

- Direkt am Gussrost bei Portionsfischen und kleinen Filets
- Indirekt in geschlossenen Grillsystemen bei größeren Fischen und Fischfilets
- Plank Grilling auf sogenannten Wood Planks oder Grillbrettern
- Im Holzfurnier eingewickelt, auch Wood Wraps oder Wood Paper genannt
- Am Holzspieß „Steckerlfisch"
- Geräuchert im Ganzen oder als Filet, liegend am Rost oder hängend mit Räucherhaken
- In Alufolie oder im Pergamentpapier
- In einer Grilltasse oder Grillpfanne mit Beilagen
- Als Strudel (Rezept S. 80)
- Im Wok mit Gemüse, Chili und Ingwer

FISCHE, DIE ICH GERNE GRILLE

- **Portionsfische:** Forelle, Saibling, Flussbarsch, Reinanke, Goldbrasse, Wolfsbarsch
- **Große Fische im Ganzen:** Seesaibling, Lachsforelle, Stör, Hecht, Waller, Lachs, Steinbutt, Wolfsbarsch
- **Fischfilets:** Saibling, Forelle, Lachsforelle, Karpfen, Waller, Zander, Lachs

geeignet sind. Der Fisch wird mit der Bauchseite nach oben unterhalb der Wirbelsäule aufgespießt und kommt samt Spieß in eine Aufhängung. Die Haut des Fisches bleibt unversehrt und der Saft im Fisch.

Zum schonenden Grillen von Fischfilets sind **Wood Planks** oder Grillbretter sehr gut geeignet. Diese Holzplanken werden vor dem Grillen für mind. 2 Std. in Wasser eingelegt. Danach am Grill ca. 5 Min. lang erhitzen (angrillen), mit gutem Öl bestreichen und die Fischfilets darauf platzieren. Im Grill neben der Glut mit geschlossener Grillhaube garen, der Fisch bleibt dabei sehr saftig. Beim Plank Grilling ist es auch möglich, zum Beispiel eine ganze Lachsseite mit einer leckeren Senf- oder Kräuterkruste zu grillen und direkt auf der heißen Planke zu servieren.

Das Räuchern von Fischen ist in einem Kugelgrill sehr leicht möglich, ich verwende dafür **Räuchermehl** oder **Wood Chips**, be-

FLEISCH & GEFLÜGEL

QUALITÄT AUS ÖSTERREICH BEVORZUGT

Der Erfolg beim Grillen von Fleisch hängt in erster Linie von der Fleischqualität ab. Egal ob Rind, Kalb, Schwein, Lamm, Wild oder Geflügel, kontrolliertes Fleisch aus unserer Heimat ist für mich der klare Favorit am Grill. Es ist unbestritten, dass Rindfleisch aus den USA, aus Argentinien, Uruguay oder Brasilien sehr zart und schmackhaft ist, aber auch unsere heimischen Bauern produzieren mittlerweile sehr gute Qualität. Schweinefleisch muss nicht aus Spanien, Geflügel nicht aus Frankreich, Putenfleisch nicht aus Ungarn importiert werden. Wir haben alle diese Produkte im eigenen Land, und zwar in bester Qualität zu einem fairen Preis. Zusätzlich ist der kurze Transportweg vom Bauern über die Schlachtung, Zerlegung und Verarbeitung bis zum Kunden als Vorteil hervorzuheben.

Ich kaufe mein Fleisch am liebsten direkt beim Fleischer, weil gute Beratung und Service für mich sehr wichtig sind. Wenn es um spezielle Zuschnitte geht, ist mein **FdV** (**F**leischer **d**es **V**ertrauens) Wilfried Lind ein absoluter Profi, er weiß, worauf es beim Grillen ankommt. Auf Wunsch wird das Fleisch fachgerecht zugeputzt, verpackt oder trocken so lange gereift, bis der perfekte Zeitpunkt zum Grillen erreicht ist. Als gelernter Koch besitze ich viel Erfahrung bei der Zubereitung von Fleisch, aber die Auswahl, Reifung und Vorbereitung überlasse ich gerne einem Fachmann, gute Beratung und faire Preise sind dabei selbstverständlich.

AUF DIE REIFUNG KOMMT ES AN

Wie beim Barbecue spielt auch bei der Fleischreifung der Faktor Zeit eine große Rolle. Das beste Grillergebnis gibt es nur, wenn das Fleisch perfekt gereift ist. Wenn man mit dem Finger in das Fleisch drückt, sollte eine

Druckstelle entstehen: Je länger diese erhalten bleibt, umso zarter ist das Fleisch.

Rindfleisch sollte mind. 9 Tage oder besser noch 2 Wochen reifen, bevor es auf den Rost kommt. Bei der **Dry-Aged-Trockenreifung** lässt man bevorzugt den sogenannten Englischen mit Lungenbraten, Beiried, Rostbraten und Rieddeckel am gemeinsamen Knochen in einer Reifekammer bei konstant +3 °C und ca. 80 % Luftfeuchtigkeit mehrere Wochen reifen. Natürliche Prozesse töten während dieser Zeit Bakterien ab, Wasser verdunstet, rund 1/3 des Gewichts geht dabei verloren. Der Geschmack, der sich beim Trockenreifen entwickelt, ist dafür unvergleich-

lich aromatisch und kräftig. Das Fleisch wird durch Bildung eigener Enzyme besonders zart.

Eine weitere Reifemethode ist die vorwiegend verwendete anaerobe Reifung, bei der wird das Fleisch ohne Luft in Vakuumbeuteln verpackt und gereift. Der Gewichtsverlust ist bei dieser **Nassreifung** sehr gering, das Fleisch kann aber bei zu langer Lagerung einen metallischen, leicht säuerlichen Geschmack bekommen.

Eher selten ist die **Fleischreifung im eigenen Fett**, dabei werden die Fleischstücke in aushärtendes Rinderfett eingegossen, Keime werden von der Außenseite der Fleischstücke abgehalten. Aufgrund der ermöglichten Dampfdiffusion durch den Fettmantel erfolgt eine sehr natürliche Reifung. Ein so gereiftes Fleisch ist in der Regel sehr zart, es behält seinen speziellen Fleischgeschmack und auch der Gewichtsverlust ist viel geringer als bei der Trockenreifung.

Nicht nur bei Rindfleisch spielt die Reifezeit eine wichtige Rolle, auch Schweinefleisch sollte mind. 3–5 Tage, Kalbfleisch 7–12 Tage, Lammfleisch ca. 7–10 Tage und Wildfleisch bis zu 20 Tage reifen, bei Geflügel reichen 3–4 Tage.

Je kürzer die Grillzeit, desto länger sollte das Fleisch gereift sein, beim Barbecue werden ganze Fleischstücke mehrere Stunden lang gegrillt. Dieser Prozess ist einer Fleisch-Schnellreifung gleichzusetzen, weil die Kerntemperatur dabei nur sehr langsam steigt. Die Enzyme erhalten dadurch viel Zeit und den idealen Temperaturbereich für ihre Tätigkeit. Sehr reifes oder überlagertes Fleisch kann bei dieser Methode sehr leicht „überreif" bzw. „sauer" werden.

KALBIN ODER JUNGSTIER

Bei Rindfleisch bevorzuge ich Teile von der Kalbin, im Gegensatz zu Jungstieren haben Kalbinnen meist mehr Auslauf und Bewegung. Die Tiere werden nicht ständig gemästet und wachsen dadurch langsamer. Das Fleisch von Kalbinnen ist häufig schöner marmoriert oder durchzogen, das heißt, das Fett ist nicht nur auf dem, sondern auch im Muskelgewebe und macht es beim Grillen besonders zart. Die Fleischteile von jungen Kalbinnen sind auch nicht so groß wie bei Stieren. Das bringt den Vorteil, dass Portionen bei gleichem Gewicht um einiges dicker geschnitten werden können und ganze Braten haben eine kürzere Garzeit.

FLEISCH RICHTIG TRANSPORTIEREN UND LAGERN

Das Frischfleisch sollte beim Einkauf gut eingepackt und so rasch wie möglich nach Hause transportiert werden. Besonders in den heißen Sommermonaten sollte man das Fleisch nicht unnötiger Hitze aussetzen und wenn möglich eine Kühltasche zum Transportieren verwenden. Eine unterbrochene Kühlkette schadet der Fleischqualität erheblich und verkürzt die Haltbarkeit. Tiefge-

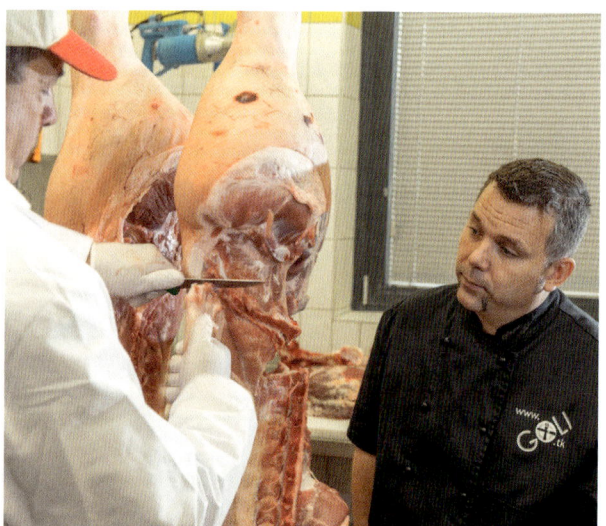

frorenes Fleisch sollte beim Transport nicht antauen, aufgetautes Fleisch nicht wieder eingefroren werden. Hackfleisch sollte noch am selben Tag verarbeitet werden.

Zum Lagern von Frischfleisch benutze ich nie den Tageskühlschrank in der Küche. Dieser ist zum einen nicht kalt genug eingestellt und zweitens viel zu oft offen, weil jeder in der Familie ständig etwas darin sucht. Stattdessen steht im Keller ein zweiter Kühlschrank zum Lagern von Fleisch und Fisch, dieser ist auf die kälteste Stufe eingestellt und die Tür wird nur ab und zu geöffnet.

Wenn Fleisch länger gelagert wird, dann sollte es luftdicht verpackt werden oder noch besser vakuumverpackt. Generell kaufe ich sehr gerne größere Fleischstücke und lasse diese bereits im Geschäft vakuumieren. Diese Großpackungen lasse ich dann bis zu 2 Wochen im Kühlschrank nachreifen, bevor sie auf den Grill kommen.

FLEISCH RICHTIG PORTIONIEREN

Fleisch immer quer zur Faser schneiden, nur so ergeben sich kurze, zarte Fleischfasern. Um eine glatte Schnittfläche zu erzielen, sollte das Messer groß genug und scharf sein. Sägemesser sind zum Schneiden von rohem Fleisch ungeeignet. Das Fleisch nicht zu dünn schneiden, da es sonst beim Grillen zu schnell austrocknet. Ein perfektes Steak darf ohne Weiteres 4 cm dick sein. Fettränder können bei Bedarf vor dem Grillen leicht quer eingeschnitten werden, das verhindert ein Aufwölben beim Grillen. Es sollte nicht zu viel sichtbares Fett weggeschnitten werden, dieses ist schließlich wesentlich für den Geschmack, die Zartheit und Saftigkeit bei der Zubereitung am Grill verantwortlich. Bei der Verarbeitung von Fleisch auf größte Sauberkeit achten, Messer und Schneidbretter müssen nach Gebrauch gründlich gewaschen werden. Ich verwende für die Verarbeitung von Fisch, Geflügel, Fleisch und Gemüse verschiedenfarbige Schneidbretter.

FLEISCH WÜRZEN ODER MARINIEREN

Generell gilt für mich: Je größer das Fleischstück, umso früher vor der Zubereitung würzen. Ein großer Braten kann 1–2 Tage vorher mariniert oder gewürzt werden, bei einem Steak, das nur kurz gegrillt wird, reicht es aus zu würzen, wenn der Grill bereits heiß ist.

Ob Marinade oder Gewürzsalz verwendet wird, ist Geschmacksache und kommt auch auf die Fleischstruktur an. Ich verwende gerne Essig oder Zitronensaft bei Würzmarinaden. Die Säure hat dabei die Funktion, das Fleisch zarter zu machen. Auf jeden Fall sollten die Marinaden bei Bedarf selbst gemacht werden, ein bereits vorgewürztes oder mariniertes Fleisch grille ich sehr selten. Hochwertige, auf das Fleisch abgestimmte Gewürzsalze verwende ich hingegen oft und sehr gerne.

FLEISCH DIREKT GRILLEN

Für das direkte Grillen lässt sich jede Art von Fleisch verwenden. Alles, was in der Pfanne kurz gebraten werden kann, gelingt auch am Grill. Bei Rindfleisch denkt jeder in erster Linie immer an Filet oder Beiried, das sind zugegeben die besten Fleischteile zum direkten Grillen, aber auch die teuersten. Eine

Temperatur sollte 120 °C nicht überschreiten, als Brennstoff verwende ich am liebsten Holz oder Holzpellets. Beim Barbecue gilt, je niedriger die Temperatur, desto länger die Garzeit, umso saftiger und zarter der fertige Braten. Bei der Zubereitung von Bauchrippen (Spareribs) oder Karreerippen (Baby Back Ribs) liegen diese ca. 6–7 Std. am Grill. Das Fleisch bleibt so extrem saftig, fällt aber bereits beim Anrichten vom Knochen. Diese Garstufe wird als „Fall from the bone" bezeichnet.

Aber keine Angst, es geht auch schneller. Bei Temperaturen ab 150–180 °C gelingen beim indirekten Grillen neben der Glut sehr leicht Klassiker wie Schweinsbraten mit Kruste, Kalbshaxe oder eine Lammkeule in etwa 3 Std., ein knuspriges Grillhuhn im Ganzen sogar in 60–75 Min.

günstigere Variante, saftiges Rindfleisch in wenigen Minuten zu grillen, ist, es zu faschieren und mit wenigen Handgriffen schmackhafte Burger daraus zu formen, zurzeit liegt diese Zubereitung voll im Trend.

Auch bei Kalbfleisch sind sogenannte Premiumfleischteile nicht ganz günstig. Kalbfleisch ist aber viel zarter als Rindfleisch, somit können wesentlich mehr günstigere Teilstücke verwendet werden. Dasselbe gilt auch für Lammfleisch. Bei Schweinefleisch sind sogar die besten Fleischteile wie Schweinsfilet, Karree oder Schopf sehr günstig, das gilt auch für Putenfleisch und Hühnerteile.

Tipps für die Zubereitung
- Fleisch vor dem Grillen zu temperieren, spart Energie und das Ergebnis wird zarter.
- Fleischportionen ca. 30 Min. vor dem Grillen aus dem Kühlschrank nehmen, ganze Braten mind. 1 Std. vorher.
- Das Fleisch, bevor es auf den Rost kommt, sparsam mit Erdnussöl einpinseln, dadurch wird einerseits das Ankleben am Grillrost eingeschränkt und zweitens die Hitze schneller übertragen, das sogenannte Branding gelingt besser.
- Das Fleisch nicht zu oft wenden. Die Grilltemperatur so wählen, dass Steaks und Koteletts max. 3 Mal gewendet werden müssen, ganze Braten werden oft gar nicht gewendet. Fleisch beim Grillen nicht anstechen.
- Fertig gegrillte Fleischportionen und Braten immer rasten lassen, bevor sie angeschnitten werden. Bei Steaks mind. 5 Min. warten, bei Braten mind. 30 Min., der Saft verteilt sich während dieser Zeit gleichmäßig in den Fasern und das Fleisch entspannt sich.

FLEISCH INDIREKT GRILLEN UND BARBECUEN

Ich grille sehr gerne günstigere Fleischteile wie Rindergab (hinteres Ausgelöstes), Rinderrippen oder Rinderbrust (Beef Brisket). Damit diese eher zähen Stücke perfekt gelingen, muss man sehr lange Grillzeiten einplanen. Ich grille diese Gustostückerl immer im Ganzen, was schon bis zu 20 Std. dauern kann. Die dabei angewandte Grilltechnik wird als Barbecue-Methode bezeichnet. Die

PORTIONIERTE FLEISCHTEILE ZUM DIREKTEN GRILLEN

Rind
- Steaks mit Knochen, z. B. T-Bone-Steak, Porterhouse-Steak
- Steaks ohne Knochen, z. B. Rib-Eye-Steak, Rumpsteak, Filetsteak, Hüftsteak, Sirloin-Cap-Steak
- Nusssteaks
- Rinderfilet-Tournedos
- Filetspieße
- Rostbraten
- Burger

Kalb
- Kalbsfiletsteak
- Kalbsrückensteak

- Kalbskotelett
- Kalbshüfte
- Kalbsbries
- Kalbsleber

Schwein
- Schweinskotelett
- Schweinefilet-medaillons
- Schweinerückensteak
- Schopfsteak
- Schweinebauch
- Bratwürste jeglicher Art

Lamm
- Lammfilet
- Lammrücken

- Lammchops
- Medaillons aus der Lammkeule
- Steaks aus der Lamm-keule

Geflügel
- Putenfiletmedaillons
- Putenbrust
- Entenbrustfilet
- Hühnerbrust

Wild
- alle Filets und Rücken, bei jungen Tieren auch Teile der Keule

FLEISCHTEILE IM GANZEN ZUM INDIREKTEN GRILLEN UND BARBECUEN

Rind
- Roastbeef
- Prime-Rib
- Gab/Hinteres Ausgelöstes
- Tafelspitz
- Beinfleisch/Rinderrippen
- Rinderbrust/Brisket

Kalb
- Kalbsrücken
- Kalbstafelspitz
- Kalbshaxe
- Kalbshals
- Kalbsbrust
- Kalbsschulter

Schwein
- Karreerippen/Baby Back Ribs

- Bauchrippen/Spare Ribs
- Schweineschulter
- Schopfbraten
- Jerk Pork
- Schweinefilet
- Schweinsbauch
- Schweinsstelzen
- Teile vom Schlögel

Lamm
- Lammrücken
- Lammkronen
- Lammkeule
- Lammschulter

Geflügel
- Grillhuhn
- Hühnerflügel
- Hühnerkeulen
- Hühnerbrust

- Ente
- Entenbrust
- Gans
- Gänsebrust
- Gänsekeulen
- Wachteln
- Perlhühner
- Putenkeule
- Putenrollbraten
- Putenbrust

Wild
- Keulen
- Rücken
- Rollbraten

GEMÜSE AM GRILL

Nicht nur für Vegetarier ist gegrilltes Gemüse ein Gaumengenuss, auch immer mehr Fleischesser schätzen Gemüse als leichte Abwechslung zum deftigen Fleisch. Gegrilltes Gemüse ist nicht nur gesund, sondern kann als schmackhafte Beilage zu Fleisch, Geflügel und Fisch verwendet werden. Die Auswahl ist dabei riesig: Kartoffeln, Paprika, Zwiebeln, Zucchini, Auberginen, Maiskolben, Champignons und Tomaten sind Klassiker am Grill. Aber auch Kürbis, Spargel, Salate, Sellerie, Fenchel, Karotten und Rüben aller Art machen auf dem Grill eine gute Figur.

GEMÜSE EINKAUFEN

Gemüse sollte zur Jahreszeit passen, viele Sorten sind zwar das ganze Jahr über erhält-

lich, müssen dafür aber aus fernen Ländern importiert werden. Dieses Gemüse ist sehr oft um einiges teurer im Einkauf und die wichtigen Vitamine sind durch den langen Transport verloren. Gemüse aus der Region ist für mich der klare Favorit am Grill, ich kaufe mein Gemüse deshalb gerne direkt ab Hof oder am Bauernmarkt. Wenn ich aus Zeitgründen Gemüse im Supermarkt einkaufe, achte ich nicht nur auf die Frische und Qualität, sondern natürlich auch auf die Herkunft. Viele Produkte aus der Heimat sind mit Qualitätssiegeln ausgezeichnet und den vielleicht etwas höheren Kaufpreis in jeder Hinsicht wert. Tiefgekühltes Gemüse grille ich sehr selten, eine Ausnahme ist Blattspinat.

GEMÜSE VORBEREITEN

Bevor das Gemüse auf den Grill kommt, sollte es richtig vorbereitet werden. Als Erstes sollte man das Gemüse gründlich waschen. Je nach Gemüsesorte und Rezept muss das Gemüse dann geschält, entkernt, geschnitten, aufgespießt oder gefüllt werden. Sehr hartes Gemüse wie Karotten, Sellerie und andere Rüben können entweder vorblanchiert oder mit etwas Flüssigkeit in Grilltassen auf oder unter dem Rost geschmort werden. Pilze sollten vor der Zubereitung nicht gewaschen werden, gründlich putzen reicht vollkommen aus.

Marinaden für Gemüse sollten mit hochwertigen Ölen und frischen Kräutern zubereitet werden. Das Gemüse sparsam mit Marinade bestreichen und diese etwas einziehen lassen, nicht in Marinade ertränken. Geschmacklich ist alles erlaubt: verschiedenste Kräuter, Öle, Knoblauch, Ingwer, Chili, Sojasauce oder einfach nur etwas flüssige Butter und Salz.

ZUBEREITUNGSMÖGLICHKEITEN VON GEMÜSE

Gemüse kann auf Spieße gesteckt, gefüllt, im Ganzen, in Alufolie oder Grilltassen zubereitet werden. Ich verarbeite Gemüse auch sehr gerne zu schmackhaften Füllungen, dabei schneide ich es in kleine Würfel und röste es bei hoher Hitze kurz in der Wokpfanne. Mit frischen Kräutern gewürzt können mit diesem Röstgemüse Schweinefilets, Hühnerkeulen oder -brüste gefüllt werden. Gefüllte Tomaten, Zucchini oder Paprika sind auch sehr schmackhafte Gerichte, die indirekt gegrillt werden. Als Fülle können Hackfleisch, Milchprodukte, Reis, Couscous oder vegane Produkte wie Gemüse, Pilze, Tofu oder Seitan verwendet werden.

Auch Lasagne muss nicht immer Fleisch enthalten, einfach verschiedene Gemüse fein hacken oder faschieren, in Olivenöl kräftig anrösten und mit Tomatensauce zu einem schmackhaften Gemüsesugo einkochen. Den fertigen Sugo abwechselnd mit Sauce Béchamel und Teigblättern in eine Grilltasse schichten, mit Käse bestreuen und ca. 40 Min. indirekt grillen.

Eine sehr einfache Art, Gemüse zuzubereiten, ist, es in Streifen zu schneiden, in der Wokpfanne direkt über der Flamme zu rösten, etwas Knoblauch, Chili und Ingwer sowie eine Prise Salz oder Sojasauce dazuzugeben und fertig ist das perfekte Wok-Gemüse. Durch die hohe Hitze im Wok bleibt das Gemüse knackig und erhält wunderbare Röstaromen.

HÜLSENFRÜCHTE

Wie kein anderes Nahrungsmittel versorgen uns Hülsenfrüchte mit wertvollem pflanzlichen Eiweiß, Mineralstoffen und Vitaminen, außerdem enthalten sie reichlich Ballaststoffe. Lange Zeit galten sie als schwerverdauliches „Arme-Leute-Essen" – nun feiern Hülsenfrüchte ihr Comeback. Als Beilage

zu Gegrilltem passen auch Bohnen sehr gut. Die Hülsenfrüchte über Nacht in Wasser einweichen und im selben Wasser weich kochen. Die gekochten Bohnen zusammen mit Speck, Zwiebeln, Knoblauch und Gewürzen in eine Grillschale geben, mit gewürfelten Tomaten vermischen und im Grill indirekt platzieren. Auch etwas Rauch sollte nicht fehlen und fertig sind klassische Barbecue-Bohnen. Ähnlich in der Zubereitung, aber etwas feiner sind Barbecue-Linsen (Rezept auf S. 128).

SALAT

Salate dürfen bei einer Grillparty nicht fehlen. Neben den Klassikern wie Kartoffel-, Gurken- oder Tomatensalat wird auch der Coleslaw, eine Variante des Krautsalats mit Karotten, Zwiebeln und Crème fraîche, immer populärer. Aber auch Blattsalate wie Eisbergsalat oder Grazer Krauthäuptel liegen mit einem guten Salatdressing aus Senf, Apfelessig und Gewürzen zubereitet voll im Trend. Noch einen kräftigen Schuss echtes Kürbiskernöl dazu und die Gäste dürfen kommen. In der heißen Jahreszeit reicht ein guter Salat mit gegrillten Putenstreifen oder einem knusprigen Fischfilet oft aus, um den Hunger zu stillen. Die Kombination aus Salat mit magerem Fleisch oder Fisch gilt auch als Schlankmacher und ist vor allem bei Damen sehr beliebt.

KRÄUTER

Frische Kräuter und Grillen sind kein Widerspruch, im Gegenteil, ohne Kräuter wären viele Grillgerichte nur halb so schmackhaft. In meinem Garten steht gerade einmal 2 m vom Grillplatz entfernt ein kleines Hochbeet mit den wichtigsten Kräutern, die ich beim Grillen benötige. Wer keinen Garten hat, kann im Haus am Fensterbrett in kleinen Töpfen Kräuterstöcke kultivieren und mit diesen, jederzeit griffbereit, seine Speisen verfeinern. Frische Kräuter sind natürlich die beste Lösung, alternativ greife ich auch ab und zu auf tiefgekühlte, bereits geschnittene Kräutermischungen zurück, zum Beispiel für Kräuterbutter oder -sauerrahm.

Getrocknete Kräuter werden in den GOLI-Gewürzsalzen verwendet, die immer griffbereit in einer Schublade in meiner fahrenden Outdoorküche bereitstehen.

Folgende Kräuter verwende ich am häufigsten:
- **Für Fischgerichte:** Rosmarin, Zitronengras, Dill, Bockshornklee, Basilikum, Lorbeerblätter
- **Für Geflügelgerichte:** Basilikum, Rosmarin, Thymian, Salbei, Oregano, Thaibasilikum, Koriander
- **Rindfleisch:** Thymian, Rosmarin, Schnittlauch, Majoran, Rosmarin, Petersilie, Liebstöckel
- **Kalbfleisch:** Basilikum, Estragon, Kerbel, Salbei, Schnittlauch
- **Schweinefleisch:** Petersilie, Thymian, Majoran, Rosmarin
- **Lammfleisch:** Rosmarin, Basilikum, Minze, Thymian, Oregano, Majoran, Currykraut

- **Beilagen und Gemüse:** Dill, Petersilie, Schnittlauch, Oregano, Thymian, Majoran, Liebstöckel
- **Desserts:** Basilikum, Minze, Zitronenmelisse

Tipps für die Verarbeitung von Kräutern
- Kräuter nur kurz mit Wasser abspülen, niemals lange im Wasser liegen lassen.
- Nach dem Waschen gut trocken schütteln.
- Kräuter immer mit einem scharfen Messer schneiden, nicht hacken oder quetschen.
- Kräuter ersetzen typische Geschmacksverstärker wie Salz, Pfeffer oder Fett.
- Kräuter dienen zum Abrunden vieler Gerichte: Sie sollten die Aromen der jeweiligen Hauptzutat nicht überdecken, sondern ergänzen.
- Kräuter sparsam verwenden, außer sie sollen im Vordergrund stehen.

- Kräuter nicht zu lange mitgaren, sie verlieren dadurch an Geschmack.
- Nicht jede Kräuterkombination passt zusammen, aber es ist alles erlaubt, was schmeckt.
- Kräuter aus derselben Region harmonieren besonders gut; ein Beispiel: „Kräuter der Provence" aus Bohnenkraut, Majoran, Lavendel, Oregano, Rosmarin und Thymian.
- Nicht alle Kräuter vertragen Hitze, zum Mitgrillen eignen sich nur kräftige Arten wie Lorbeer, Majoran, Salbei, Rosmarin oder Thymian.
- Vertrocknete ältere Kräuter nicht wegwerfen, sondern komplett trocknen lassen und in der Glut als Raucharoma verwenden.

GEWÜRZE

Gewürze dienen schon seit Menschengedenken zur Abrundung und Veredelung aller möglichen Speisen. Besonders beim Grillen spielen sie eine bedeutende Rolle und sorgen für den besonderen Geschmack des Grillguts. Sie können sogar über das Gelingen oder Misslingen einer Grillparty entscheiden. Daher ist es sehr wichtig, die passenden Gewürze auszuwählen und zu finden.

Zu den wichtigsten Grillgewürzen zählen natürlich Salz und Pfeffer. Diese beiden allein reichen jedoch oft nicht aus, auch wenn sie der Grundstein für eine gute Würzung sind. Daher sollte man zusätzlich unbedingt weitere Gewürze wie Paprika, Curry, Knoblauch, Ingwer und Chili verwenden. Alles ist erlaubt, deshalb sollte man ruhig experimentieren und immer wieder neue Gewürzkreationen ausprobieren. Auf diese Weise ist Abwechslung beim Grillen garantiert.

Beim Grillen mit niedrigen Temperaturen, dem Barbecue, empfiehlt es sich, auf spezielle Barbecue-Gewürzmischungen, sogenannte Rubs, zurückzugreifen. Es ist aber zu beachten, dass viele BBQ-Rubs auch Zucker enthalten und nicht zu hoch erhitzt werden dürfen.

Eine wichtige Rolle beim Würzen spielt die Gewürzmühle oder der Mörser. Nur wenn die Gewürze gut zerkleinert werden, können sich die Gewürzaromen erst so richtig entfalten.

Nicht immer passt jedes Gewürz zu dem jeweiligen Grillgut. Um herauszufinden, welches Grillgut mit welchen Gewürzen harmoniert, ist oft etwas Experimentieren angesagt. Als vielfältig einsetzbare Gewürze gelten für mich Knoblauch, Ingwer und Chili, die beinahe zu jeder Fleischsorte passen. Für eine gelungene Männergrillrunde darf es auch ein bisschen schärfer sein, dann schmeckt das eine oder andere Bier gleich doppelt so gut.

CUMIN

Der botanische Name des Kreuzkümmels lautet *Cuminum cyminum*, daher der Name Cumin. Er ist ein Verwandter des Echten Kümmels, hat einen intensiven, unverwechselbaren Geschmack und zeichnet sich durch sein herrliches Aroma aus.

Cumin ist in warmen Regionen beheimatet; wahrscheinlich stammt er aus dem Niltal und dem Nahen Osten. Heute findet sein großflächiger Anbau in Indien, Sri Lanka, dem Iran, der Türkei, in Südrussland, China, Pakistan und Lateinamerika statt. In den Anbauregionen ist er ein sehr wichtiges Gewürz und in vielen Gerichten und Gewürzmischungen unersetzlich, etwa in Currys, Masalas, Chili con Carne, Salsas oder Falafel.

Cumin kann als Alternative zu Kümmel in allen Gerichten verwendet werden. Besonders gut schmeckt Kreuzkümmel in Kombination mit Koriander.

KORIANDER

Koriandersamen sind kugelförmig und werden bis zu 5 mm groß. Sie werden zwischen Mitte Juli und Ende August geerntet. Bevor die Koriandersamen in der Küche zum Einsatz kommen können, müssen sie getrocknet werden. Koriander immer möglichst trocken und lichtgeschützt aufbewahren, damit das Aroma lange erhalten bleibt.

Koriander schmeckt würzig-herb und hat einen leicht süßlichen Nachgeschmack. Die Saat kann in Form von ganzen Körnern oder gemahlen verwendet werden. Ganze Koriandersamen verwende ich gerne zum Marinieren von Rindfleisch und Lammfleisch. Geschrotet oder gemahlen passt er sehr gut zu Brot und asiatischen Gerichten.

SELLERIESALZ

Selleriesalz ist eine Mischung aus Sellerie, Sellerieblättern und -samen sowie Salz oder Meersalz. In der Regel wird ein Verhältnis von 1 : 3 (Sellerie : Salz) angewendet. Selleriesalz erfreut sich vor allem in Mitteleuropa großer Beliebtheit. Ich verwende es bei mehreren meiner Gewürzsalze. Selleriesalz eignet sich hervorragend zum Würzen von Geflügel, Fisch, Rindfleisch, Aufläufen, Gemüse, Salat oder Kartoffeln. Ferner verleiht es gegrillten Maiskolben eine besondere Note.

Es ist dem gewöhnlichen Kochsalz vorzuziehen, weil man von dem aromatisch würzenden Selleriesalz weniger benötigt. Außerdem enthält Sellerie alle B-Vitamine und viel Kalzium. Manche Menschen müssen beim Verzehr von Selleriesalz allerdings aufpassen: Sellerie kann bei Allergikern zu Reaktionen führen.

PFEFFER

Die Pfefferpflanze ist eine ausdauernde, verholzende Kletterpflanze, die an Bäumen emporwächst und rund 10 m (in Kultur 3–4 m) hoch werden kann. Die Früchte werden wegen des darin enthaltenen Alkaloids Piperin als scharf schmeckendes Gewürz verwendet.

Die größten Anbauländer von Pfeffer sind Vietnam, Indonesien, Indien, Brasilien und Malaysia.

Die Früchte des schwarzen, also Echten Pfeffers sind nicht immer schwarz. Je nach Erntezeitpunkt und weiterer Behandlung haben die Pfefferkörner verschiedene Färbungen.

- **Grüner Pfeffer** wird aus unreifen, früh geernteten Früchten gewonnen. Er unterscheidet sich vom schwarzen Pfeffer dadurch, dass er entweder frisch in Salzwasser eingelegt oder schnell und bei hohen Temperaturen (gefrier-)getrocknet wird. Daher behält er die ursprüngliche grüne Farbe.

- **Schwarzer Pfeffer** wird ebenfalls aus den unreifen grünen bis knapp vor der Reife gelborange stehenden Früchten gewonnen. Die Pfefferkörner werden durch die Trocknung runzlig und schwarz.

- **Weißer Pfeffer** ist von der Schale befreiter vollreifer Pfeffer. Zu seiner Produktion werden die reifen roten Pfefferbeeren

etwa 8–14 Tage in fließendem Wasser eingeweicht, sodass sich die Schale ablöst. Danach werden sie mechanisch geschält, getrocknet und teilweise in der Sonne gebleicht.

- **Roter Pfeffer** besteht aus vollkommen reifen, ungeschälten Pfefferfrüchten und wird meist in salzige oder saure Laken eingelegt. Verglichen mit dem grünen Pfeffer ist der eingelegte rote Pfeffer jedoch eher selten erhältlich. Noch viel seltener findet man den echten roten Pfeffer in getrockneter Form.

Gänzlich andere Gattungen sind der **Rosa Pfeffer**, der aus optischen Gründen oft zum weißen, schwarzen und grünen Pfeffer in die Pfeffermühle hinzugegeben wird, und der **Szechuanpfeffer**, der vor allem in der asiatischen Küche und Heilkunde verwendet wird. **Langer Pfeffer** oder **Stangenpfeffer** ist eine Art der Pfeffergewächse. Er wächst wild in Indien und gilt als die erste Pfefferart, die das Mittelmeer erreichte, wurde aber später vom Echten Pfeffer fast gänzlich verdrängt. Der **Guineapfeffer** (Paradieskörner) stammt aus Westafrika. Es handelt sich um die getrockneten Samen einer Pflanzenart, die zu den Ingwergewächsen gehört. **Piment** (auch Nelken- oder Jamaikapfeffer) gehört zur Familie der Myrtengewächse.

CHILI

Weltweit gibt es Hunderte von Chilisorten, sie sind die scharfen Verwandten der Gemüsepaprika. Wer es gerne scharf mag, verwendet Chili auch in der Grillküche. Aus eigener Erfahrung kann ich versichern, dass man scharf essen trainieren kann, der Gaumen gewöhnt sich an die Schärfe und mit der Zeit kann man den Schärfegrad steigern. Die Schärfe wird in Scoville-Einheiten angegeben. Die Scoville-Skala reicht von 0 für Paprika bis zu 350.000 für Habaneros; die schärfsten Chilis haben über 2 Mio. Scovil-

le. Über Chilis könnte man ein eigenes Buch schreiben, deshalb führe ich nur kurz die wichtigsten Chilisorten an.

Anaheim, Cherry und Peperoncini
100–500 Scoville-Einheiten (SCU)

Ancho, Poblano, Pasilla
1.000–1.500 SCU

Jalapeños, Cherry, Mirasol
2.500–5.000 SCU (in etwa wie Tabascosauce)
Getrocknete und geräucherte Jalapeños nennt man **Chipotle**
10.000 SCU

Serrano
5.000–15.000 SCU

De Arbol
15.000–30.000 SCU

Cayenne, Thai, Ají, Tabasco
30.000–50.000 SCU

Santake und Thai Chilis
50.000–100.000 SCU

Jamaican Hot
bis zu 200.000 SCU

Scotch Bonnet
bis zu 250.000 SCU

Habanero
bis zu 350.000 SCU
(kann ich noch essen)

Bhut Jolokia
1.000.000 SCU

Trinidad Scorpion Butch T
1.460.000 SCU

Trinidad Scorpion Moruga
2.000.000 SCU

HP56 Death Strain
2.890.000 SCU (derzeit schärfster Chili der Welt)

PAPRIKAPULVER

Paprikaschoten gedeihen auf buschigen, aufrecht wachsenden Pflanzen (im Anbau einjährig gehalten). Geerntet werden die Früchte ca. 4–5 Monate nach dem Pflanzen per Hand. Dann müssen die reifen Paprikafrüchte trocknen, bevor sie zu feinem Pulver vermahlen werden. Durch Entfernen der capsaicinhaltigen Samen und Scheidewände lassen sich Schärfegrad und Färbekraft gezielt steuern.

Die Bandbreite reicht von sehr mild bis sehr scharf:

- **Extra-Paprika:** sehr mild
- **Delikatess-Paprika:** mild, intensiv rot, stark färbend, süß-fruchtig
- **Edelsüß-Paprika:** pikant, leuchtend rot, stark färbend, fruchtig-mild
- **Rosenpaprika:** sehr scharf, dunkelrot bis rotbraun, wenig färbend

Paprikapulver unterschiedlicher Schärfegrade wird gern in Ungarn, aber auch in Spanien und Portugal verwendet. Auch bei uns ist es mittlerweile ein fester Bestandteil im Gewürzregal.

Beim Grillen verwende ich Paprikapulver in Dry Rubs (trockenen Gewürzmischungen) und würze damit sehr gerne Grillhuhn, Spareribs, Pulled Pork und Beef Brisket. Paprikapulver sollte nicht zu stark erhitzt werden, da es sehr leicht bitter wird.

CURRY

Currypulver ist eine Gewürzmischung in unzähligen Sorten. Beim Gewürzexperten Spiceworld gibt es über 20 Sorten; in Indien mischt fast jeder Haushalt seinen eigenen Curry. Die Zusammensetzung von Currypulver ist sehr unterschiedlich und besteht je nach Zubereitung aus etwa 10–15 Komponenten. Manche Gewürze finden sich jedoch in den meisten Currymischungen wieder, vor allem Kurkuma, das dem Currypulver seine charakteristische gelbe Farbe gibt. Außerdem sind oft Koriander, Kreuzkümmel, schwarzer Pfeffer und Bockshornklee enthalten, die den typischen Geschmack prägen. Weitere Zutaten sind Ingwer- oder Knoblauchpulver, Asant, Fenchel, Zimt, Nelken, grüner oder schwarzer Kardamom, Senfkörner, Muskatnuss und -blüte, Paprikapulver, Cayenne- oder Langer Pfeffer. Im Madras-Currypulver ist oft mehr Chilipulver enthalten.

Currypulver verwende ich sehr gerne für Barbecue-Saucen, Kräuterbutter, Füllungen bei Braten und Geflügel und für Beilagen wie Reis oder Couscous. Auch in der Wok-Küche ist Currypulver ein wichtiger Bestandteil. Ähnlich wie bei Paprikapulver sollte Currypulver nicht zu stark erhitzt werden, da es sehr leicht bitter wird.

INGWER

In der indischen und chinesischen Küche gehört Ingwer seit jeher zu den wichtigsten Gewürzen. Vor allem seine pikante Schärfe und seine verdauungsfördernde Wirkung werden geschätzt. Ingwer riecht appetitanregend nach warmem Holz und verbindet ein süßliches Aroma mit einem scharfen Geschmack und ist dadurch fast ein Universalgewürz.

In ihrer asiatischen Heimat gilt die Wurzel als einer der wichtigsten Bestandteile von Currymischungen. Sie tritt dort meist im Verbund mit Knoblauch auf. Frische Ingwerwurzeln sind dem Pulver weit überlegen, da sie viel besser und fruchtiger schmecken. Da sie wesentlich milder sind als das Pulver, sollte man sie großzügiger verwenden.

Je heller der Ingwer, desto besser die Qualität. Beim Einkauf von frischem Ingwer sollte man darauf achten, dass die dünne Haut glatt und glänzend ist. Sieht sie matt und runzlig aus, ist seine beste Zeit vorbei. Die Schnittflächen sollten saftig sein und einen pikanten Duft verströmen. Ingwer wird immer zuerst geschält, dann in kleine Würfel geschnitten oder mit einer scharfen Reibe fein gerieben.

KNOBLAUCH

Knoblauch ist ein universelles, in den meisten internationalen Küchen verwendetes Würzgemüse. Ich verwende Knoblauch jeden Tag in der Küche und natürlich auch beim Grillen. Was wäre ein Schweinsbraten ohne Knoblauch, auch das klassische Knoblauchbrot fehlt bei keiner Grillparty. Knoblauchzehen verwende ich als ganze oder fein geschnitten; für Marinaden, Saucen, Kräuterbutter oder zum Würzen von Fleisch dürfen sie auch gepresst werden. Bei vielen Grillmarinaden püriere ich Knoblauch mit frischem Chili und Inger mit einem Stabmixer. Für Gerichte, die im Wok zubereitet werden, schneide ich diese Zutaten in kleine Würfel. Knoblauch ist auch im Ganzen indirekt gegrillt eine wunderbare Beilage und harmoniert sehr gut mit allen Fleischgerichten, aber auch mit Fisch und Gemüse.

Gut getrockneten Knoblauch erkennt man beim Einkauf an einer hellen, perlmuttartig glänzenden Außenhaut. Eine stark abgeblätterte Schale deutet auf Austrocknung hin. Durchschimmernde braune Stellen sind ein Hinweis auf Fäule. Treibt der Knoblauch bereits grün aus, hat er sein Aroma meistens verloren. Knoblauch aus heimischem Anbau ist aufgrund der guten Lagereigenschaft das ganze Jahr über erhältlich. Frischer Knoblauch wird am besten im Kühlschrank in der Gemüselade aufbewahrt und hält dort mehrere Wochen.

GOLIS GEWÜRZMISCHUNGEN

Wer es einfacher möchte, verwendet bereits fertig gemischte Gewürzsalze, die speziell für unterschiedliche Grillmethoden, aber auch passend zu vielen Fleischsorten, Fisch, Beilagen und Gemüse entwickelt wurden.

Golis Gewürze im Überblick

- Geflügel
- Fisch
- Steak
- Grillgewürz
- Spareribs
- Barbecue
- Gemüse
- Wok Start
- Wok Final

Zusammen mit der Firma Spiceworld in Salzburg habe ich eine sehr gute und hochwertige Gewürzpalette entwickelt, die auch online erworben werden kann. Wichtig war für mich, weder Geschmacksverstärker, Glutamate oder Konservierungsmittel noch künstliche Farb- und Aromastoffe zu verwenden. Alle

Goli-Gewürze sind seit Jahren erprobt und auch bei internationalen Wettbewerben äußerst erfolgreich. Zurzeit gibt es neun verschiedene Sorten zur Auswahl, ich bin aber bereits dabei, zusammen mit Wilhelm Pichler, dem Inhaber der Firma Spiceworld, das zehnte Grillgewürz zu entwickeln und zu testen.

ÖLE

Gutes Öl sollte beim Grillen und Essen nicht fehlen. Generell sollten alle Öle von sehr guter Qualität sein. Öle sollten kühl und dunkel

gelagert werden. Ich fülle Öl sehr gerne in Dosierflaschen, um es gezielt und sparsam zu verwenden.

In meiner Grillküche verwende ich fünf Sorten:

Erdnussöl	Sesamöl	Olivenöl	Rapsöl	Kürbiskernöl
bis 250 °C	bis 200 °C	bis 180 °C	bis 150 °C	bis 50 °C

ERDNUSSÖL

Wenn es heiß werden soll, dann empfehle ich Erdnussöl. Durch den hohen Rauchpunkt, der bei ca. 240 °C liegt, ist es zum Direktgrillen bestens geeignet. Steaks, Koteletts usw. vor dem Grillen beidseitig mit Erdnussöl einpinseln und danach auf den heißen Grillrost legen. Auch bei Gerichten aus dem Wok verwende ich ausschließlich Erdnussöl zum scharf Anbraten und beim sogenannten PAO.

SESAMÖL

Geröstete Sesamkörner verleihen diesem Öl seinen leicht nussigen Geschmack. Ich verwende Sesamöl sehr gerne für asiatische Gerichte, die gegrillt oder im Wok zubereitet werden. Durch die Zugabe von frischem Ingwer, Knoblauch und Chili ergibt sich ein grandioser Geschmack. Sesamöl verträgt auch höhere Temperaturen und ist deshalb auch zum Direktgrillen geeignet.

OLIVENÖL

Ich verwende gerne Olivenöl zum Grillen, bei Marinaden, Fischgerichten, Geflügelgerichten, vegetarischen Speisen und Gemüse. Olivenöl, das erhitzt wird, muss nicht das teuerste sein, da es bei hohen Temperaturen seine wertvollen Inhaltsstoffe verliert. Zum Toppen oder Finishen von bereits fertig gegrillten Speisen darf es durchaus von bester Qualität sein.

RAPSÖL

Rapsöl sollte kalt gepresst und naturbelassen sein. Man erkennt es an der kräftigen gelben Farbe. Ich verwende Rapsöl sehr gerne für Marinaden, zum Beispiel die Jerkmarinade. Rapsöl passt sehr gut zu Fisch, Meeresfrüchten, Gemüse, aber auch zu Rind- und Schweinefleisch. Beim Grillen sollte es nicht zu heiß werden, da es sonst seine wertvollen Inhaltsstoffe verliert.

Meine bevorzugten Öle beim Grillen

KÜRBISKERNÖL

Als gebürtiger Steirer darf ein echtes Kürbiskernöl in meiner Grillküche natürlich nicht fehlen. Da es nicht erhitzt werden sollte – es wird sehr schnell bitter – verwende ich es ausschließlich zum Vollenden von bereits gegrillten Gerichten. Es passt sehr gut zu Fisch und Meeresfrüchten, aber auch bei Desserts ist Kürbiskernöl durch seinen nussigen Geschmack eine gute Wahl. Wichtig: Weniger ist mehr. Ein paar Tropfen genügen und ein süßer Strudel mit Vanilleeis wird zum Geschmackserlebnis. Auch bei Salaten ist Kürbiskernöl für mich natürlich ein „Musthave".

ESSIG

Auch der Essig darf beim Grillen nicht fehlen. Nicht so zartes Fleisch wie Schweineschopf oder Bauch wird schön mürbe, wenn Sie der Marinade etwas Essig zugeben. Die Säure lockert die Fleischfasern. Für die Herstellung der für mich persönlich besten aller Fleischmarinaden, der Jerk-Marinade, verwende ich Essig, aber auch bei Mopsaucen ist er ein wichtiger Bestandteil. Wer eine klassische Barbecue-Sauce selbst herstellen möchte, sollte auch einen guten Essig verwenden, dann ist ein guter Geschmack garantiert.

WIE ENTSTEHT ESSIG?

Essig ist ein absolut natürliches Produkt. Es werden alkoholische Verbindungen durch natürlich vorkommende Bakterien, die als „Essigmutter" sichtbar werden können, zu Essigsäure umgewandelt. Bei der Essigsäuregärung entsteht aus 1 Vol.-% Alkohol etwa 1 % Essigsäure, das heißt, je alkoholischer das Ausgangsprodukt ist, desto saurer wird der fertige Essig.

Die Essig- und Senfmanufaktur Fischerauer stellt alle ihre 25 Essige, von Apfelbalsamessig bis Paradeiseressig, aus knackigen reifen Früchten, frischem Saft oder natürlich vergorenem Wein her, die von österreichischen Partnerbetrieben stammen. Die Umwandlung von Saft in Wein (alkoholische Gärung) dauert rund zwei Wochen. Danach wird der Wein von der Hefe genommen und noch einige Zeit rasten gelassen. Erst dann wandeln die Essigkulturen den Wein in der Essigmaschine zu Essig um. Wenn der gewünschte Säuregehalt erreicht ist, wird ein Teil des fertigen Essigs entnommen und frischer Wein zugegeben. So können die Essigkulturen das ganze Jahr durchgehend arbeiten.

SENF

Warum passt Senf so gut zu Gegrilltem? Senf zählt heute als Würze vieler Fleischgerichte und Saucen zu einem der feinsten Produkte unserer Küche. Durch die große Auswahl an Senfsorten, die derzeit in den Geschäften angeboten wird, werden praktisch alle Geschmacksrichtungen abgedeckt. Besondere Spezialitäten unter den Senfarten finden immer mehr Liebhaber. Die Senfsamen, die Andreas Fischerauer zur Senfherstellung verwendet, stammen natürlich aus österreichischem Anbau.

Senf kann in der Grillküche sehr vielseitig verwendet werden:

- Als Gewürz für Fleisch und Braten: Bestes Beispiel ist natürlich das Roastbeef.
- In Marinaden, zum Beispiel für schmackhafte Spareribs.
- Als Senfkruste zum Überbacken von Fleisch, Fisch und Gemüse.
- Als Senfbutter: ein perfekter Begleiter zu Steaks.
- Senfsauce passt sehr gut zu Barbecue-Gerichten.
- Für Dressings, weil ein guter Salat auf keiner Grillparty fehlen darf.
- Als Beilage zur gegrillten Wurst – der Klassiker schlechthin.

WIE ENTSTEHT SENF?

Je nach Senfsorte werden die verschiedenen Arten von Senfsamen, zumeist Braunsenf und Gelbsenf, vermischt. Für die Senfkreationen werden die Senfkörner geschrotet, mit Essig, Wasser und Gewürzen gemischt und diese Mischung (Maische) darf dann für einige Tage ruhen. Danach wird die Maische klassisch nass vermahlen. Nach einer Reifezeit von rund 14 Tagen, in der sich die Geschmacksstoffe optimal entfalten können, wird der fertige Senf per Hand in Gläser abgefüllt und etikettiert. Somit ist jedes Glas ein Unikat. Der Senf fühlt sich am wohlsten in trockener, kühler und dunkler Umgebung. So bleibt seine feine Schärfe am längsten erhalten.

Von mild und süß bis höllisch scharf gibt es allein bei Andreas Fischerauer bereits über 25 Sorten zur Auswahl. Bezieht man andere Hersteller mit ein, wird das Angebot beinahe unüberschaubar. Ich bin davon überzeugt, dass für jeden Geschmack der passende Senf dabei ist.

REZEPTE

─── **SCHWIERIGKEITSGRAD** ───
 einfach    mittel   schwierig

─── **GRILLGERÄTE** ───

 Direktgrill   Kugelgrill   Gasgrill   Keramikgrill

 Barbecue-Smoker   Pelletsgrill   Wok   Dutch Oven

BAUERNBAGUETTE
mit Speck und Käse

Portionen: 4 • Grillmethode: indirekt
Vorbereitung: 10 Min. • Garzeit: ca. 8-10 Min. bei 180 °C
Schwierigkeitsgrad: ⭐

ZUBEREITUNG

1 Die Brotscheiben mit Bressot bestreichen und in der Reihenfolge der Zutatenliste belegen.
2 Den Grill auf ca. 180 °C vorheizen.
3 Backzeit ca. 8 Min.

— TIPP —

 Dieses Bauernbaguette schmeckt auch mit anderen Zutaten sehr lecker, wie beispielsweise mit Schinken, Thunfisch, Oliven, Chili, Champignons usw.

— TIPP —

Ersetzt man das Schwarzbrot durch Weizen-Baguettes, erhält man herrliches Pizzabaguette.

ZUTATEN

4 große Scheiben frisches Bauernbrot, ca. 1,5 cm dick
1 Becher/150 g Bressot Frischkäse, Kräuter oder Knoblauch
40 g Röstzwiebel
2 Tomaten, in dünne Scheiben geschnitten
Salz, Pfeffer aus der Mühle
100 g kräftiger Bergkäse, gerieben
100 g Speck oder Selchfleischwürfel
Majoran, getrocknet
Kümmel, ganz

CRISPY BACON CHICKEN WINGS STYRIAN STYLE

(Hühnerflügerl auf steirische Art)

Portionen: 4 • Grillmethode: indirekt, direkt
Vorbereitung: 20 Min. • Garzeit: ca. 25–30 Min. bei 180 °C
Schwierigkeitsgrad: ✪ ✪

ZUBEREITUNG

1. Die Hühnerflügel genau beim Gelenk durchschneiden, sollten noch die Flügelspitzen dabei sein, diese wegschneiden.
2. Die Hühnerflügel rundherum mit Geflügelgewürz würzen.
3. Cornflakes im Mörser zerstoßen und mit den Kürbiskernen und den Röstzwiebeln vermischen.
4. Die Hühnerflügel in den Kürbisbröseln kräftig wälzen und sofort mit den Speckstreifen umwickeln.
5. Die fertigen Bacon Chicken Wings am besten indirekt neben der Glut bei geschlossener Grillhaube grillen.

ZUTATEN

12 Hühnerflügel, zweigliedrig
Geflügelgewürz
30 g Cornflakes
10 g Kürbiskerne, gehackt
10 g Röstzwiebeln
150 g Bauchspeckstreifen, sehr dünn geschnitten

SCHRITT FÜR SCHRITT

CROSTINIS
mit gegrilltem Gemüse

Portionen: ca. 20 Stück • Grillmethode: direkt
Zubehör: Gemüsekorb • Vorbereitung: 25 Min. • Garzeit: ca. 15 Min.
Schwierigkeitsgrad: ★

ZUBEREITUNG

1 Die Paprikaschoten vierteln und entkernen. Den Zucchino der Länge nach vierteln und, wenn nötig, entkernen. Die Zwiebel schälen und halbieren. Den Knoblauch nicht schälen. Die Zitrone halbieren. Das Gemüse mit etwas Olivenöl und den getrockneten Kräutern würzen.

2 Am Grill direkt über der Glut platzieren und je nach Temperatur ca. 10 Min. direkt grillen.

3 Paprika mit der Schale nach unten, Zucchino mit der Schale nach unten, Zwiebel und Zitrone mit der Schnittfläche nach unten, den Knoblauch im Ganzen grillen.

4 Das fertig gegrillte Gemüse etwas abkühlen lassen, Paprika und Knoblauch schälen.

5 Danach das Gemüse in kleine Würfel schneiden und in eine Schüssel geben, mit Zitronensaft, Tomatenessig, Olivenöl, gehackter Petersilie, Salz und Pfeffer aus der Mühle abschmecken.

6 Baguettes schräg in 2 cm dicke Scheiben schneiden und 1–2 Min. direkt grillen.

7 Mit einer geschälten Knoblauchzehe über die heißen Baguettescheiben streichen.

8 Das gegrillte Gemüse mit einem Löffel auf den Brotscheiben anrichten.

ZUTATEN

1 roter Paprika
1 gelber Paprika
1 grüner Paprika
1 Zucchino
1 Zwiebel
1 chinesischer Knoblauch
1 Zitrone
3 EL Olivenöl
getrockneter Oregano
und Thymian
Zitronensaft
2 EL Tomatenessig
2 EL frisch gehackte
Petersilie
Salz und Pfeffer
aus der Mühle
2 Stück Baguette
1–2 Knoblauchzehen

GARNELENSPIESSE
mit Ingwer und Chili

Portionen: 4 • **Grillmethode: direkt** • **Zubehör: Gussrost, Holzspieße**
Vorbereitung: 20 Min. • **Garzeit: ca. 6 Min. bei 200 °C**
Schwierigkeitsgrad: ★

ZUBEREITUNG

1 Bei den Garnelen die Hälfte der Schale entfernen. Mit der Schale nach unten auf Holzspieße stecken und mit Steak- oder Fischgewürz würzen.

2 Aus den Zutaten eine Marinade herstellen und in einer feuerfesten Tasse am Grill erwärmen.

3 Die Garnelenspieße direkt über der Glut zuerst mit der Schale nach oben ca. 1-2 Min. grillen, umdrehen, kräftig mit der vorgewärmten Marinade bestreichen und auf der Schale ca. 3-4 Min. fertig grillen, dabei die Grillhaube schließen.

ZUTATEN

12 Stück Garnelen mit
Schale, Größe 8/12 oder
13/15
Steak- oder Fischgewürz

MARINADE
2 Knoblauchzehen, gepresst
20 g Ingwer, frisch gerieben
1 kl. roter Chili,
fein geschnitten
1 Jungzwiebel,
fein geschnitten
Saft und Schale
von 1 Limette
2 EL Olivenöl
2 EL flüssige Butter
Salz, Pfeffer aus der Mühle

TIPP

 Als Vorspeise reichen drei Stück, als Hauptspeise, beispielsweise mit Safranreis, wie abgebildet, dürfen es auch mehr Garnelen sein.

KARTOFFELSTICKS

Portionen: 32 Sticks • Grillmethode: indirekt • Zubehör: Gussrost
Vorbereitung: 1 Std. • Garzeit: ca. 10 Min. bei 180 °C
Schwierigkeitsgrad: ✪

ZUBEREITUNG

1 Die gekochten Kartoffeln schälen und noch heiß in eine Schüssel pressen.

2 Speck in feine Würfel schneiden und in Butter goldgelb anrösten und zu den Kartoffeln geben.

3 Die Röstzwiebeln und die gehackten Kürbiskerne dazugeben. Die Masse mit Salz, Pfeffer aus der Mühle, frisch gehackter Petersilie, Kümmel und getrocknetem Majoran abschmecken und gut durchmischen. Die Masse in einen Dressierbeutel mit runder Tülle, ca. 1 cm Durchmesser, füllen.

4 Butter und Olivenöl zusammen schmelzen.

5 Strudelteig auslegen und halbieren, eine Packung ergibt 8 halbe Blätter.

6 Alle Blätter übereinanderlegen, damit sie nicht austrocknen. Nach und nach immer das oberste Strudelblatt mit Butter bestreichen, immer einen ca. 1 cm dicken Strang Kartoffelmasse darauf dressieren und einrollen. Die fertigen dünnen Strudelrollen in vier gleiche Stücke schneiden und mit Butter bestreichen.

7 Die Sticks ca. 5 Min. bei 180 °C grillen, umdrehen und weitere 5 Min. grillen. Die Grillhaube sollte dabei geschlossen sein.

ZUTATEN

500 g Kartoffeln,
in der Schale gekocht
50 g Speck, in kleine Würfel
geschnitten
20 g Butter
30 g Röstzwiebeln
30 g gehackte Kürbiskerne
Salz, Pfeffer aus der Mühle
20 g frische Petersilie
1 TL Kümmel, ganz
1 TL Majoran, getrocknet
50 g Butter
20 g Olivenöl
1 Pkg. Strudelteig (4 Blätter)

SERVIERVORSCHLAG

Kartoffelsticks mit Sourcream- und BBQ-Sauce (Rezepte S. 171 und 164). Sie schmecken auch sehr gut als Beilage zu Tournedos (Rezept S. 104).

STYRIAN MOINK BALLS

Portionen: 20 Stück • Grillmethode: indirekt • Zubehör: Grilltasse zum Unterstellen
Vorbereitung: 15 Min. • Garzeit: ca. 20 Min. bei 130-150 °C
Schwierigkeitsgrad: ★

ZUBEREITUNG

1 Hackfleisch, Röstzwiebeln, Grammeln, Kürbiskerne, Barbecue-Gewürz und Chili gut vermischen und durchkneten.

2 Aus der Masse 20 gleich große Bällchen formen. Die Fleischbällchen mit je 2 Blatt Speck umwickeln.

3 Die Moinkballs indirekt ca. 15–20 Min. grillen.

4 Pro Portion ca. 2–3 Stück Moinkballs anrichten und mit BBQ-Sauce servieren.

ZUTATEN

500 g Hackfleisch, Rind oder gemischt
50 g Röstzwiebeln
50 g Grammeln (Grieben)
25 g Kürbiskerne, gehackt
25 g Barbecue-Gewürz
1 Chili, fein gehackt
40 Scheiben Bacon, dünn geschnitten

SAUCE
BBQ-Sauce (Rezept S. 164)

SERVIERVORSCHLAG

 Moink Balls schmecken wunderbar mit Belugalinsen (Rezept S. 128) und BBQ-Sauce.

GEROLLTES BACHFORELLENFILET

**Portionen: 4 • Grillmethode: direkt • Zubehör: Gussrost • Vorbereitung: 25 Min.
Garzeit: ca. 10 Min. bei 200 °C • Schwierigkeitsgrad: ✪ ✪**

ZUBEREITUNG

1 Die Gemüsestreifen kurz blanchieren und in Eiswasser abkühlen.

2 Die Forellenfilets entgräten, eventuell auch die Haut entfernen. Die Filets beidseitig leicht würzen. Mit der Hautseite nach unten auf eine Arbeitsplatte legen, mit Pesto Rosso bestreichen und die Gemüsestreifen gebündelt daraufgeben, mit frischen Basilikumblättern garnieren und zum Schwanzende hin einrollen und mit einem Blatt Speck umwickeln.

3 Die Rouladen mit Olivenöl bepinseln.

4 Direkt über der Glut ca. 8–10 Min. grillen, dabei in Viertelschritten weiterdrehen.

ZUTATEN

100 g Gemüsestreifen aus Karotte, Sellerie und Lauch (Porree)
8 Bachforellenfilets à 90 g
Salz, Pfeffer aus der Mühle
50 g Pesto Rosso
8 Blätter frisches Basilikum
8 Scheiben Speck, dünn geschnitten
2 EL Olivenöl

TIPP

 Dazu passen sehr gut ein cremiges Kartoffelpüree oder ganz einfach frische Blattsalate. Auf dem Foto wurde noch mit Broccoli, Tomaten-Rahmsauce und Chilifäden garniert.

SCHRITT FÜR SCHRITT

❶
❷
❸
❹
❺

GOLDBRASSEN
aus dem Kugelgrill

Portionen: 4 • Grillmethode: indirekt • Zubehör: feuerfeste Auflaufform
Vorbereitung: 25 Min. • Garzeit: ca. 20 Min. bei 200 °C
Schwierigkeitsgrad: ★

ZUBEREITUNG

1. Die Goldbrassen beidseitig einschneiden und mit Salz und Majoran würzen.
2. Etwas Olivenöl in einer feuerfesten Form verteilen.
3. Die Hälfte der Tomatenwürfel, Knoblauch, Petersilie, Zwiebel- und Zitronenscheiben in der Form verteilen. Die Fische darauflegen. Die restliche Hälfte der Zutaten oben auf.
4. Zuerst den Weißwein, dann die Kräuterbrösel über die Fische verteilen. Mit Olivenöl beträufeln und im vorgeheizten Grill indirekt platzieren.

ZUTATEN

2 Goldbrassen
à ca. 600 g, ausgenommen
und geschuppt
Salz, Majoran
3 EL Olivenöl
4 Tomaten, geschält,
in ca. 1 cm große Würfel
geschnitten
1 Zehe Knoblauch, blättrig
geschnitten
3 EL gehackte Petersilie
1 Zwiebel, in 2 mm
dicke Scheiben geschnitten
1 Zitrone, in 2 mm
dicke Scheiben geschnitten
3 EL Weißwein
100 g Kräuterbrösel
(30 g Butter,
60 g Paniermehl bzw.
Semmelbrösel, 10 g frische
Kräuter in einer Pfanne
kurz anrösten)

KNUSPRIGES KARPFENFILET

Portionen: 4 • Grillmethode: direkt • Zubehör: Gussrost, Grillplatte
Vorbereitung: 15 Min. • Garzeit: ca. 5 Min. bei 200 °C
Schwierigkeitsgrad: ★

ZUBEREITUNG

1 Die Karpfenfilets bei Bedarf noch etwas zurecht-schneiden bzw. portionieren, danach mit Fischgewürz beidseitig würzen.

2 Die Röstzwiebeln im Mörser zerstoßen.

3 Auch die Cornflakes im Mörser zerstoßen, mit den gehackten Kürbiskernen und den Röstzwiebeln vermischen, in eine flache Schale geben.

4 Die Karpfenfilets mit der Hautseite nach unten zum Beispiel auf eine Flasche legen, die Einschnitte sollten sich dadurch etwas öffnen. Die Knusperbrösel in die Schnitte streuen und ein wenig festdrücken.

5 Den Grill vorheizen, den Gussrost oder besser eine Grillplatte mit etwas Erdnussöl bestreichen. Die Karpfenfilets mit der Knusperseite zuerst ca. 2 Min. angrillen, umdrehen und auf der Hautseite 2–3 Min. fertig grillen.

ZUTATEN

4 Karpfenfilets à 250–300 g, geschuppt und geschröpft (alle 3 mm eingeschnitten)
Fischgewürz, alternativ Salz und Pfeffer aus der Mühle
30 g Röstzwiebeln
60 g Cornflakes
30 g Kürbiskerne, gehackt
Erdnussöl

SERVIERVORSCHLAG

 Knuspriges Karpfenfilet mit Speck-Krautsalat, Kirschtomaten, Petersilienkartoffeln und Apfelvinaigrette (Rezept S. 168).

RÄUCHERLACHS-PRALINEN

auf der Planke

**Portionen: 4 • Grillmethode: indirekt • Zubehör: Räuchermehl, Grillplanke
Vorbereitung: Fischfilet am Vortag einsalzen • Garzeit: ca. 1 Std.
Schwierigkeitsgrad: ★**

ZUBEREITUNG

1 Das Lachsfilet mit Meersalz einsalzen und für
mind. 12 Std. in den Kühlschrank geben. Wenn das
Lachsfilet zu salzig ist, mit kaltem Wasser abspülen
und trocknen lassen.

2 Das gewürzte Lachsfilet in rechteckige, ca. 4 x 4 cm
große Stücke schneiden und auf eine geölte Holzplan-
ke legen. Wer es etwas abwechslungsreicher mag,
kann die einzelnen Pralinen vorher in verschiedene
Gewürze tauchen.

3 Den Kugelgrill oder Smoker mit etwas Kohle vorheizen. Die Temperatur sollte während des ganzen
Räuchervorgangs nicht über 100 °C steigen. Ideal sind
ca. 70–90 °C.

4 Die Lachsfiletportionen im Grill platzieren und
ca. 15 Min. trocknen lassen.

5 Auf den kleinen Glutstock im Grill oder SFB gewässer-
te Buchenhackschnitzel oder Räuchermehl geben.
Je nach Geschmack kann man auch getrocknete Kräuter oder Wacholderbeeren mit in die Glut geben.

6 Die Lachspralinen sollten ca. 45 Min. kräftig geräuchert werden.

ZUTATEN

1 Lachsfilet, ca. 1 kg,
mit Haut, geschuppt
35 g Meersalz
Pfeffer, geschrotet
Chiliflocken
schwarzer Sesam
getrocknete
Kräutermischung
nach Geschmack

WELSFILET
im Holz

Portionen: 4 • Grillmethode: direkt, indirekt
Zubehör: Buchenfurnier oder Grillpapier (Woodpapers) • Vorbereitung: 30 Min.
Garzeit: ca. 15 Min. bei 180 °C • Schwierigkeitsgrad: ★

ZUBEREITUNG

1 Die Buchenblätter in Wasser oder Weißwein einweichen.

2 Die Zitrone in 8 dünne Scheiben schneiden. Die Frühlingszwiebeln schräg in feine Ringe schneiden. Die getrockneten Tomaten in grobe Streifen schneiden.

3 Die Buchenblätter mit Olivenöl bestreichen, die Filets darauflegen und mit Salz und Pfeffer würzen.

4 Anschließend die Welsfilets mit den Jungzwiebeln und den getrockneten Tomaten belegen, je 2 Zitronenscheiben und 1 Rosmarinzweig darauflegen.

5 Die Filets mit den Buchenblättern einrollen, mit einem Metallspieß fixieren oder mit einem Faden zusammenbinden.

6 Den Grill indirekt auf 180 °C vorbereiten und die Holzrollen ca. 10-15 Min. neben der Glut grillen.

ZUTATEN

4 Stk. Buchenfurnier,
ca. 20 x 20 cm
1 Zitrone
2 Frühlingszwiebeln
4 getrocknete Tomaten
Olivenöl
4 weiße Welsfilets,
portioniert mit je ca. 150 g
Meersalz, Pfeffer
4 Zweige frischer Rosmarin

SCHRITT FÜR SCHRITT

ZANDERFILET
im Strudelteig

Portionen: 6-8 (2 Strudel à 800 g) • **Grillmethode: indirekt**
Zubehör: Backblech oder Alufolie
Vorbereitung: 1 Std. • **Garzeit: ca. 20-25 Min. bei 180 °C**
Schwierigkeitsgrad: ✪ ✪

ZUBEREITUNG

1 Die Zanderfilets rechteckig zuschneiden und würzen.

2 Die Polentaschnitte, ca. 1,5 cm dick, auf dieselbe Größe wie die Zanderfilets zuschneiden.

3 Den Blattspinat gut ausdrücken, die Butter erhitzen, Zwiebelwürfel und gehackten Knoblauch etwas anschwitzen und zum Blattspinat geben.

4 Den Spinat mit Salz, Pfeffer aus der Mühle und Muskatnuss abschmecken. Wichtig: Der Spinat muss kalt bleiben.

5 Olivenöl und Butter zusammen schmelzen.

6 Den Strudelteig vorbereiten. Wichtig: Immer 2 Lagen Strudelteig übereinander verwenden. Die erste Lage mit dem Öl-Butter-Gemisch bestreichen, das zweite Strudelblatt drauflegen und wieder mit dem Öl-Butter-Gemisch bestreichen.

7 Die Polentaschnitte auf dem Strudelblatt mittig platzieren.

8 Auf die Polenta den Blattspinat geben, danach ein Zanderfilet mit der Haut nach unten darauflegen, zum Schluss die getrockneten Tomaten auf das Zanderfilet legen und den Strudel so einrollen, dass die Polenta am Boden und das Zanderfilet oben liegt.

9 Die fertigen Strudel mit dem Öl-Butter-Gemisch bestreichen.

10 Auf einem befetteten Blech im Grill bei geschlossener Haube indirekt ca. 25 Min. grillen.

11 Wer kein passendes Blech hat, faltet Alufolie mehrmals übereinander und legt jeweils einen Strudel darauf.

ZUTATEN

1 Zander mit
ca. 1,5 kg, geschuppt,
oder 2 Zanderfilets à 500 g,
mit Haut, geschuppt,
Gräten gezupft
Salz, Pfeffer aus der Mühle
600 g Polentaschnitte
(Rezept S. 136)
400 g Blattspinat,
tiefgekühlt
1 EL Butter
1 kleine Zwiebel
1 Zehe Knoblauch
Salz, Pfeffer, Muskatnuss
1 EL Olivenöl
1 EL Butter
4 Blätter Strudelteig
100 g getrocknete Tomaten

GEFÜLLTES HÜHNERFILET

mit Kräuterbutter und Parmesan

Portionen: 4 • Grillmethode: direkt, indirekt
Vorbereitung: 30 Min. • Garzeit: ca. 45 Min. bei 160-180 °C
Schwierigkeitsgrad: ✪✪

ZUBEREITUNG

1 Für die Fülle die weiche Butter etwas aufschlagen, mit Salz, Pfeffer aus der Mühle und Curry würzen. Die frisch gehackten Kräuter dazugeben und gut vermischen.

2 Zuletzt den Parmesan und die Brösel einrühren und alles noch einmal gut vermengen.

3 Mithilfe von Frischhalte- oder Alufolie eine Rolle mit ca. 4 cm Durchmesser formen und im Kühlschrank mind. 1 Std. abkühlen lassen.

4 Die Hühnerfilets der Länge nach tief einschneiden und rundherum würzen.

5 Von der festen Fülle Scheiben mit ca. 1 cm Dicke schneiden und in die Hühnerfilets stecken.

6 Jede Portion mit 2–3 Streifen Speck umwickeln.

7 Das Schweinsnetz wässern, auslegen und 4 Stücke mit ca. 20 x 20 cm zuschneiden.

8 Je eine gefüllte Hühnerbrust darauflegen und einschlagen, überstehendes Schweinsnetz wegschneiden.

9 Im vorgeheizten Grill auf jeder Seite 2–3 Min. direkt grillen (Branding), danach indirekt neben der Glut bei geschlossener Grillhaube ca. 40 Min. weiter grillen.

ZUTATEN

4 Hühnerfilets à ca. 160 g
Geflügelgewürz oder
Kräutersalz
8-12 Scheiben geräucherter
Bauchspeck
1 Schweinsnetz

FÜLLE
80 g Butter
Salz, Pfeffer aus der Mühle
etwas Curry
20 g frische Kräuter
100 g Parmesan, gerieben
50 g Semmelbrösel
(Paniermehl)

TIPP

 Übriggebliebene Fülle eignet sich perfekt zum Überbacken von Fleisch oder Gemüse. Gut zum Hühnerfilet passen Kräuterrisotto, gegrillter Paprika und gelbe Karotten.

GEGRILLTE PUTENKEULEN

mit Rosmarin und Knoblauch

Portionen: 4 • Grillmethode: direkt, indirekt • Zubehör: Grilltasse
Vorbereitung: 30 Min. • Wartezeit: 1 Std. • Garzeit: ca. 1,5 Std. bei 160-180 °C
Schwierigkeitsgrad: ★

ZUBEREITUNG

1 Die Putenkeulen spicken, dazu mit einem scharfen, spitzen Messer kleine Schnitte in die Keulen stechen und die kleinen Rosmarinzweige in die Einschnitte stecken.

2 Den Knoblauch schälen und mit Salz und den anderen Gewürzen im Mörser fein zerstoßen.

3 Olivenöl, Zitronensaft und den Honig dazugeben und alles gut durchrühren.

4 Die fertig gespickten Putenkeulen mit der vorbereiteten Marinade einpinseln und diese mind. 1 Std. einziehen lassen.

5 In der Zwischenzeit den Grill anheizen und auf ca. 180 °C einpendeln.

6 Die Putenkeulen indirekt neben der Glut im Grill platzieren und die Grillhaube schließen.

7 Ca. alle 20 Min. die Keulen mit der restlichen Marinade einpinseln.

8 Bei Bedarf die Keulen wenden, damit sie rundherum gleichmäßig knusprig und braun werden.

ZUTATEN

4 Putenunterkeulen à ca. 350–400 g
4 Zweige frischer Rosmarin
2 Zehen Knoblauch
12 g Salz
8 Pfefferkörner
4 Gewürznelken
2 EL Olivenöl
2 EL Zitronensaft
2 EL Honig

SERVIERVORSCHLAG

 Putenkeule mit gegrilltem Maiskolben und Kartoffel-Steinpilz-Gratin (Rezept S. 122).

HÜHNERFILET-GEMÜSE-CURRY
aus dem Wok

Portionen: 4 • **Grillmethode: direkt** • **Zubehör: Wokaufsatz, Wokpfanne**
Vorbereitung: 25 Min. • **Garzeit: ca. 10 Min.**
Schwierigkeitsgrad: ⭐

ZUBEREITUNG

1 Hühnerfilet in Streifen schneiden und würzen.
2 Die Karotte schälen, schräg in dünne Scheiben schneiden, die Paprikaschote vierteln, entkernen und in kleine Rauten schneiden. Die Zuckererbsenschoten ganz lassen.
3 Für das Wokgewürz Knoblauch, Ingwer und Chilischoten fein hacken und mit etwas Erdnussöl vermischen.
4 Die Saucezutaten zu einer Marinade verrühren.
5 Im Wok in Erdnussöl zuerst das Fleisch bei hoher Hitze PAO rösten, Flammenbildung erwünscht, danach das Wokgewürz dazugeben, kurz weiterrösten.
6 Als Nächstes das Gemüse dazugeben und ca. 1 Min. bei mittlerer Hitze Pfannenrühren, zum Schluss mit der Marinade aufgießen und bis zur gewünschten Konsistenz einkochen lassen.
7 Mit frisch geschnittenem Thai-Basilikum garnieren.

─── SERVIERVORSCHLAG ───

 Hühnerfilet-Curry schmeckt sehr gut mit Basmati-Wildreis und Thaibasilikum.

ZUTATEN

400 g Hühnerfilet
Salz und Pfeffer
aus der Mühle
1 Karotte
1 rote Paprikaschote
60 g Zuckererbsenschoten
4 EL Erdnussöl

WOKGEWÜRZ

2 Zehen Knoblauch
1 frischer Ingwer
2 Chilischoten

SAUCE

5-10 g Rote Currypaste
30 ml Sojasauce
30 ml Sherry oder Reiswein
125 ml Kokosmilch
10 ml Sesamöl
5 g Currypulver
5 g Maisstärke
5 g Goli WokFinal oder
ein anderes hochwertiges
Wokgewürz

HÜHNERFLÜGEL
und Riesengarnele

Portionen: 4 • Grillmethode: indirekt, direkt
Vorbereitung: 15 Min. • Garzeit: ca. 20-25 Min. bei 180 °C
Schwierigkeitsgrad: ★ ★

ZUBEREITUNG

1 Die Hühnerflügerl hohl auslösen, das heißt, die Knochen entfernen, ohne dabei das Fleisch zu durchtrennen. Die ausgelösten Flügerl innen würzen.

2 In die Garnelen eine kleine ca. 3 cm lange Öffnung schneiden und in jede Garnele ½ getrocknete Tomate und ein Blatt Basilikum stecken.

3 Die gefüllten Garnelen in die vorbereiteten Hühnerflügerl stecken.

4 Die fertig gefüllten Hühnerflügerl mit etwas Olivenöl bepinseln und würzen.

5 Im Grill indirekt neben der Glut ca. 25 Min. grillen, dabei die Grillhaube schließen.

6 Die Hühnerflügel mit beliebiger Sauce servieren, für das Foto habe ich Chili-Knoblauch-Sauce und Kürbiskernöl verwendet.

ZUTATEN

12 obere Hühnerflügerl mit Haut
Geflügelgewürz
12 Stück Riesengarnelen ohne Schale, Größe 13/15
6 getrocknete Tomaten
12 Blatt frisches Basilikum
Olivenöl

SCHRITT FÜR SCHRITT

❶ ❷ ❸ ❹ ❺ ❻ ❼

KNUSPRIGES GRILLHUHN

Portionen: 4 • **Grillmethode: indirekt** • **Zubehör: Hühnersitz**
Vorbereitung: 15 Min. • **Garzeit: ca. 60–75 Min. bei 180 °C**
Schwierigkeitsgrad: ★

ZUBEREITUNG

1 Das Huhn eventuell schon ein paar Stunden vorher würzen.
2 Den Hühnersitz mit Bier zu ca. ⅔ befüllen, die Gewürze zum Bier geben.
3 Das Huhn auf den Hühnersitz stecken. Im Grill indirekt platzieren.
4 Bei Bedarf das Grillhuhn stehend drehen, damit es rundherum gleichmäßig bräunt.

ZUTATEN

1 Grillhuhn, ca. 1–1,25 kg
25 g Geflügelgewürz
oder
Salz, Pfeffer aus der Mühle
etwas Paprikapulver
Rosmarin und Majoran, gerebelt
100 ml dunkles Bier
2 Zweige frischer Rosmarin
1 Knoblauchzehe, zerdrückt
2 Wacholderbeeren, zerdrückt

SCHRITT FÜR SCHRITT

TIPP

⚠ **Das Bier im Hühnersitz beginnt während des Grillens zu kochen, dadurch bleibt das Grillhuhn innen sehr saftig und außen wird es perfekt knusprig.**

PUTENMEDAILLONS
und Polenta am Spieß

Portionen: 4 • **Grillmethode: direkt** • **Zubehör: Gussrost, Grillspieße**
Vorbereitung: 20 Min. • **Garzeit: 4-5 Min. pro Seite bei ca. 200-220 °C**
Schwierigkeitsgrad: ✪ ✪

ZUBEREITUNG

1 Aus dem Putenfilet acht Medaillons mit ca. 2 cm Dicke schneiden.
2 Die Medaillons rundherum würzen.
3 Die Polenta in acht rechteckige Stücke mit ca. 2 cm Dicke schneiden.
4 Die Polentaschnitten mit je 2 Blatt Bauchspeck umwickeln.
5 Den Zucchino in 2 cm dicke Scheiben schneiden, mit Olivenöl einpinseln und rundherum würzen.
6 Die Kirschtomaten im Ganzen verwenden.
7 Aus allen Zutaten vier Spieße stecken. Pro Spieß je 2 Putenmedaillons, Polentaschnitten, Zucchinischeiben und Kirschtomaten verwenden. Die fertigen Spieße mit etwas Olivenöl einpinseln.
8 Den Grill vorheizen, die Spieße direkt ca. 4-5 Min. pro Seite grillen.

ZUTATEN

600 g Putenfilet
20 g Geflügelgewürz
400 g Polentaschnitte
(Rezept S. 136)
16 Blatt Bauchspeck,
dünn geschnitten
1 Zucchino
Olivenöl
Salz, Pfeffer aus der Mühle
8 Kirschtomaten

── SERVIERVORSCHLAG ──

 Die Putenspieße mit blauen Kartoffelchips und Knoblauchkräuterbutter (Rezept S. 170) servieren.

BBQ-BEEFRIBS
(Rinderrippen/Beinfleisch)

Portionen: 8 • Grillmethode: indirekt • Zubehör: Grilltasse, Alufolie
Vorbereitung: 30 Min. • Wartezeit: über Nacht • Garzeit: ca. 8 Std. bei max. 120 °C
Schwierigkeitsgrad: ✪ ✪ ✪

ZUBEREITUNG

1 Die Gewürze im Mörser zerstoßen.

2 Die Rippen mit Rotwein, Wasser, dem Wurzelgemüse und den Gewürzen über Nacht im Kühlschrank marinieren lassen.

3 Das Fleisch am nächsten Tag 2 Std. vor Grillbeginn trocken tupfen und mit Barbecue-Gewürz kräftig würzen.

4 Den Smoker auf ca. 120 °C vorheizen und das Fleisch indirekt im Grill platzieren.

5 Die Marinade in der Zwischenzeit aufkochen und ca. 30 Min. köcheln lassen. Sojasauce, Whiskey, Tabasco und Rinderbouillon dazugeben, nochmals 10 Min. köcheln lassen und abseihen. Mit der heißen Marinade die Rinderrippen stündlich moppen.

6 Nach 4 Std. Garzeit (ca. 110 °C, Buchenholz) die Rinderrippen mit der restlichen Marinade in eine Grilltasse geben und mit Alufolie dicht verschließen.

7 Weitere 2–3 Std. im Smoker weitergaren, dabei die Temperatur bei ca. 110 °C halten.

8 Anschließend die Rinderrippen aus der Grilltasse nehmen und im Smoker 1 Std. warmhalten.

9 Die Marinade auf die gewünschte Konsistenz einkochen lassen, abschmecken und mit Butter montieren.

ZUTATEN

3 Zehen Knoblauch
6 Stück Wacholderbeeren
10 Pfefferkörner
Thymian, Koriandersamen
2 Lorbeerblätter
2 kg Beinfleischstreifen, ca. 10 cm breit
250 ml Rotwein
250 ml Wasser
300 g Wurzelgemüse (Karotten, Sellerie, Zwiebel)
50 g Barbecue-Gewürz (Rezept S. 164)
30 ml Sojasauce
30 ml Whiskey
5 ml Tabasco
1 Tab Rinderbouillon Pur
50 g Butter

SERVIERVORSCHLAG

 Hervorragend schmecken die Rippen auf cremiger Polenta (Rezept S. 136), mit Broccoli, Minikarotten und Sauce.

GOLIS BURGER
„Bacon & Cheese"

Portionen: 4 • **Grillmethode:** direkt • **Zubehör:** Burgerpresse, Gussrost
Vorbereitung: 15 Min. • **Garzeit:** 6 Min. • **Schwierigkeitsgrad:** ⭐

ZUBEREITUNG

1 Das Hackfleisch mit dem Steakgewürz und den Röstzwiebeln gut durchkneten.
2 Aus der Masse 4 flache, gleich große, max. 1,5 cm dicke Burger formen.
3 Den Grill vorheizen.
4 Die Burger ca. 2–3 Min. direkt grillen, wenden, mit Röstzwiebeln und Käse belegen und die Grillhaube für 2–3 Min. schließen. Die Speckstreifen gleichzeitig mitgrillen.

ZUTATEN

- 600 g Hackfleisch (Rind)
- 20 g Steakgewürz
- 50 g Röstzwiebeln
- 4 Scheiben Gauda
- 40 g Röstzwiebeln
- 8 Scheiben Hamburgerspeck
- 4 Stk. Burgerbrot (Rezept S. 140)

TIPP

 Als Garnitur eignen sich Blattsalat, BBQ-Sauce nach Geschmack, Coleslaw (Rezept S. 169), Tomatenscheiben, Gurkenscheiben …

SCHRITT FÜR SCHRITT

❶

❷

KNUSPRIGES RINDFLEISCH

mit Pilzen aus dem Wok

Portionen: 4 • Grillmethode: direkt • Zubehör: Wokaufsatz, Wokpfanne
Vorbereitung: 25 Min. • Garzeit: ca. 10 Min.
Schwierigkeitsgrad: ★

ZUBEREITUNG

1. Den Rinderbraten zuerst in 5 mm dicke Scheiben aufschneiden, danach in Streifen schneiden.
2. Die Jungzwiebeln putzen, schräg in 5 mm dicke Scheiben schneiden.
3. Die Shiitakepilze in 5 mm dicke Scheiben schneiden.
4. Für das Wokgewürz Knoblauch, Ingwer und Chilischoten fein hacken und mit etwas Erdnussöl vermischen.
5. Die flüssigen Zutaten der Sauce zu einer Marinade verrühren und abschmecken.
6. Im Wok in Erdnussöl zuerst das Fleisch bei hoher Hitze PAO rösten, Flammenbildung ist dabei erwünscht, danach das Wokgewürz dazugeben und kurz weiterrösten.
7. Als Nächstes das Gemüse dazugeben und ca. 1 Min. bei mittlerer Hitze Pfannenrühren, mit der Marinade aufgießen, zum Schluss die chinesischen Mie-Nudeln dazugeben und bis zur gewünschten Konsistenz einkochen lassen.

ZUTATEN

400 g Rinderbraten
1 Bund Jungzwiebeln
250 g Shiitakepilze
4 EL Erdnussöl

WOKGEWÜRZ
2 Zehen Knoblauch
1 Stück frischer Ingwer
2 Stück Chilischote
Erdnussöl

SAUCE
30 ml Sojasauce
30 ml Sherry oder
Weinbrand
125 ml Rindsuppe
10 ml Sesamöl
5 g Goli WokFinal oder
ein anderes hochwertiges
Wokgewürz
400 g gekochte chinesische
Mie-Nudeln

DAS PERFEKTE PORTERHOUSE-STEAK

Portionen: 4 • Grillmethode: direkt
Zubehör: Gussrost, SteakChamp, Kerntemperaturmesser, Timer • Vorbereitung: 5 Min.
Garzeit: medium ca. 12 Min. bei ca. 250 °C, + 4 Min. rasten
Schwierigkeitsgrad: ✪ ✪

ZUBEREITUNG

1 Das Fleisch unbedingt 30 Min. vor der Zubereitung aus dem Kühlschrank nehmen und bei Zimmertemperatur temperieren.

2 Die Steaks beidseitig würzen und bei einem den Kerntemperaturfühler entlang des T-Knochens in das Fleisch (Beiried) stecken. Die Steaks mit Erdnussöl einpinseln.

3 Den Grill gut vorheizen. Die Temperatur soll so gewählt werden, dass die Steaks max. 3 Mal gewendet werden müssen. Je nach Abstand zur Glut sind ca. 250 °C ideal.

4 Die Steaks am Grill direkt platzieren. Die Grillhaube sollte außer beim Wenden immer geschlossen bleiben.

5 Nach 3 Min. Grillzeit die Steaks das erste Mal wenden.

6 Nach weiteren 3 Min. die Steaks das zweite Mal wenden, dabei die Steaks um 45° drehen, damit ein Rautengrillmuster auf dem Fleisch entsteht, das sogenannte Branding.

7 Nach weiteren 3 Min. die Steaks das letzte Mal wenden, auch hierbei darauf achten, dass das Grillmuster perfekt gelingt.

8 Ist die gewünschte Garstufe, zum Beispiel medium, erreicht, die Steaks vom Grillrost nehmen und mind. 4 Min. am Warmhalterost rasten lassen.

ZUTATEN

2 Dry Aged Porterhouse-Steaks à 800 g,
ca. 4 cm dick (Kalbin, AT,
4 Wochen trocken gereift)
20 g Steakgewürz oder
grobes Salz und Pfeffer
aus der Mühle
2 EL Erdnussöl

TIPP

Grillzeiten bei einem Steak mit 4 cm. Dicke:
rare – ca. 2 Min./Seite
medium rare – ca. 4 Min./Seite
medium – ca. 6 Min./Seite
medium well – ca. 7 Min./Seite
well done – ca. 8 Min./Seite

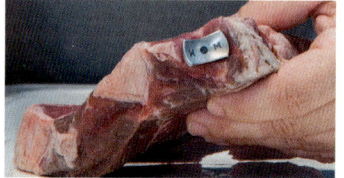

SERVIERVORSCHLAG

 Das Steak mit Kartoffelwedges, Wokgemüse (Rezept S. 138) & Chimichurry (Rezept S. 169) servieren.

RINDERGAB
BBQ-Methode

Portionen: 8 • Grillmethode: indirekt
Zubehör: Marinadenspritze, Grilltasse, Alufolie, Holzschnitzel, Kerntemperaturmesser
Vorbereitung: 15 Min. • Wartezeit: 4–5 Std. oder über Nacht • Garzeit: ca. 5–6 Std., max. 120 °C
Schwierigkeitsgrad: ✪ ✪ ✪

ZUBEREITUNG

1 Die Flüssigmargarine in eine Marinadenspritze füllen und in das Fleisch spritzen. Danach das Fleisch mit Steakgewürz rundherum kräftig würzen.

2 Wenn möglich ein paar Stunden marinieren oder über Nacht im Kühlschrank ziehen lassen.

3 Das Fleisch mind. 2 Std. vor Grillbeginn aus dem Kühlschrank nehmen und temperieren.

4 Im Grill indirekt platzieren und den Deckel schließen. Die Mopsauce zubereiten und den Braten halbstündlich moppen.

5 Nach 3 Std. Grillzeit den Braten in eine Grilltasse geben und mit 125 ml Mopsauce und 125 ml kräftiger Rindsuppe aufgießen, die Grilltasse dicht verschließen. Weitere 2 Std. indirekt bei geschlossener Grillhaube grillen.

6 Nach 5 Std. Grillzeit das fertige Fleisch noch 1 Std. im warmen Grill zugedeckt rasten lassen oder den Braten für 1 Std. in eine Thermobox geben. Das Fleisch muss beim Anschneiden so weich sein, dass es fast zerfällt!

7 Kerntemperatur je nach Vorlieben zwischen 80 und 90 °C.

ZUTATEN

100 g flüssige Margarine
2 kg Rindergab bzw.
hinteres Ausgelöstes
40 g Steakgewürz
125 ml kräftige Rindsuppe
oder Fond

MOPSAUCE
200 ml Apfelsaft
50 ml Apfelessig
25 ml Sojasauce
25 ml Whiskey
5 ml Tabasco
1 EL Steakgewürz

TIPP

Bei der langen Grillzeit von insgesamt 6 Std. wird durch die Zugabe von Holz ein sehr rauchiges Aroma erzielt. Der Rinderbraten bleibt dabei aber sehr saftig, da die Grilltemperatur nie mehr als 120 °C beträgt. Das Endergebnis nennt man Barbecue. Für das Foto habe ich den Braten „auf Green", wie bei Wettbewerben der KCBS (KANSAS CITY BARBEQUE SOCIETY) üblich, angerichtet.

TOURNEDOS
im Kräuterspeckmantel

Portionen: 4 • Grillmethode: direkt • Zubehör: Gussrost, Timer, Spagat bei Bedarf
Vorbereitung: 5 Min. • Garzeit: medium ca. 10 Min. bei ca. 250 °C, + 4 Min. rasten
Schwierigkeitsgrad: ✪ ✪

ZUBEREITUNG

1 Die frischen Gartenkräuter fein hacken und auf einen Teller geben.

2 Die Filetmedaillons 1 Mal durch die frischen Kräuter rollen, die Seiten, die gegrillt werden, sollten ohne Kräuter bleiben.

3 Immer 2 Scheiben Bauchspeck nebeneinander auflegen und die Medaillons so einrollen, dass die Kräuter mit dem Speck bedeckt werden. Bei Bedarf mit einem Spagat binden.

4 Die fertigen Tournedos beidseitig würzen und mit Erdnussöl einpinseln.

5 Den Grill auf ca. 250 °C vorheizen und die Tournedos am Grill direkt platzieren. Die Grillhaube sollte außer beim Wenden immer geschlossen bleiben.

6 Nach 2 ½ Minuten Grillzeit die Tournedos das erste Mal wenden.

7 Nach weiteren 2 ½ Minuten die Tournedos das zweite Mal wenden, dabei die Medaillons um 45° drehen, damit ein Rautengrillmuster auf dem Fleisch entsteht, das sogenannte Branding.

8 Nach weiteren 2 ½ Minuten die Tournedos das letzte Mal wenden, auch hierbei darauf achten, dass das Grillmuster perfekt gelingt.

9 Ist die gewünschte Garstufe, zum Beispiel medium, erreicht, die Tournedos vom Grillrost nehmen und mind. 4 Min. am Warmhalterost rasten lassen.

ZUTATEN

frische Gartenkräuter
8 Rinderfiletmedaillons, ca. 4 cm dick, max. 100 g
16 Scheiben Bauchspeck, hauchdünn geschnitten
20 g Steakgewürz oder grobes Salz und Pfeffer aus der Mühle
2 EL Erdnussöl

SCHRITT FÜR SCHRITT

❶  ❷

❸

❹

BABY BACK RIBS
Golis bestes Rezept

Portionen: 4 • Grillmethode: indirekt • Zubehör: Grilltasse, Alufolie
Vorbereitung: 30 Min. • Wartezeit: 3 Std. • Garzeit: ca. 6 Std. bei ca. 110 °C
Schwierigkeitsgrad: ✪ ✪ ✪

ZUBEREITUNG

1 Auf der Unterseite der Karreerippen die Beinhaut abziehen, danach würzen und mind. 3 Std. marinieren lassen, bevor sie auf den Grill kommen. Die Mopsauce zubereiten. Dazu einfach alle Zutaten miteinander vermengen.

2 Die Karreerippen im Grill indirekt platzieren, die Unterseiten sollten dabei oben liegen. In den ersten 3 Std. der Grillzeit die Baby Back Ribs stündlich moppen.

3 Nach 3 Std. die Ribs in eine Grilltasse legen, mit etwas Mopsauce aufgießen und mit Alufolie dicht verschließen. Im Grill 2 Std. bei 110 °C indirekt weitergrillen.

4 Nach ca. 5 Std. Grillzeit die Baby Back Ribs auspacken, dabei den Fond in einen Topf geben.

5 Die Baby Back Ribs indirekt noch 1 Std. weitergrillen, den gewonnenen Fond inzwischen mit den restlichen Zutaten zu einer Marinade einkochen, diese sollte in etwa die Konsistenz von Sirup haben.

6 Die Baby Back Ribs mit der Marinade 1 Mal auf der Unterseite bestreichen, nach 20 Min. umdrehen und die Oberseite bestreichen, nach weiteren 20 Min. ein zweites Mal die Oberseite bestreichen.

TIPP

! Bei der langen Grillzeit von insgesamt 6 Std. wird durch Zugabe von Holz ein sehr rauchiges Aroma erzielt, die Baby Back Ribs bleiben aber sehr saftig, da die Grilltemperatur nie mehr als 110 °C beträgt. Die Baby Back Ribs harmonieren mit Folienkartoffeln (Rezept S. 130), Knoblauchbrot (Rezept S. 146) und BBQ-Sauce (Rezept S. 164).

ZUTATEN

4 Streifen Baby Back Ribs, à 600 g (Karreerippen)
2 EL Golis Spareribsgewürz oder ein anderes Spareribsgewürz von guter Qualität

MOPSAUCE
200 ml Apfelsaft
50 ml Apfelessig
25 ml Sojasauce
25 ml Whiskey
5 ml Tabasco
1 EL Golis Spareribsgewürz

MARINADE
3 EL Ketchup
3 EL Honig
½ EL geräucherter Curry
½ EL geräuchertes Paprikapulver
1 EL Rapsöl
1 EL Sojasauce
1 EL Worcestersauce
1 TL Zitronensaft
1 TL Tabasco
1 EL Ingwer, fein gerieben

BRATWURST
mit Kürbiskernen

Portionen: 4 • **Grillmethode: direkt** • **Zubehör: Gussrost**
Vorbereitung: 2 Std. • **Wartezeit: über Nacht** • **Garzeit: ca. 10 Min.**
Schwierigkeitsgrad: ✪ ✪

ZUBEREITUNG

1   Das Fleisch in größere Würfel schneiden und das Bratwurstgewürz gut untermengen.

2   Eine Nacht im Kühlschrank ruhen lassen. Am nächsten Tag durch die mittlere Scheibe des Fleischwolfs drehen. Dadurch, dass das Fleisch vorher gewürzt wurde, entstehen keine Gewürznester.

3   Die gehackten Kürbiskerne zur Wurstmasse geben. Die Masse mit der Hand gut durchkneten, bis sie sich richtig klebrig anfühlt. Ich unterstützte diesen Vorgang, indem ich etwas Mineralwasser dazugebe.

4   Das fertige Wurstbrät mithilfe eines Wurstfüllers in einen Naturdarm mit ca. 20 mm Durchmesser füllen.

5   Die Würste in der gewünschten Länge abbinden oder abdrehen.

6   Wer keinen Wurstfüller besitzt, kann sich auch mit einem Dressiersack weiterhelfen.

ZUTATEN

450 g Schweineschulter
ohne Schwarte (fett)
450 g Schweinebauch
ohne Schwarte (fett)
30 g Bratwurstgewürz
70 g Kürbiskerne,
grob gehackt
40 ml Mineralwasser
2 m Naturdarm mit 20 mm Ø

BRATWURSTGEWÜRZ
10 g Kochsalz
10 g Selleriesalz
4 g schwarzer Pfeffer,
gemahlen
3 g Kümmel, gemahlen
2 g Majoran, gerebelt
1 g Knoblauchgranulat

TIPP

⚠ Ich empfehle, die Würste in leicht gesalzenem Wasser bei 70 °C ca. 20 Min. zu brühen. Danach in kaltem Wasser runterkühlen. Dadurch werden die Würste ein paar Tage im Kühlschrank haltbar.

GEFÜLLTE SCHWEINSBRUST
im Dutch Oven

**Portionen: 6 • Grillmethode: indirekt • Zubehör: Kerntemperaturmesser, Holzspieße
Vorbereitung: 1 Std. • Garzeit: ca. 2–2,5 Std. bei 220 °C fallend
Schwierigkeitsgrad: ✪ ✪**

ZUBEREITUNG

1 Die Schwarte der Schweinsbrust im Abstand von 1–2 cm einschneiden, danach „untergreifen", also so einschneiden, dass eine Tasche zwischen Fleisch und Schwarte entsteht, die gefüllt werden kann.

2 Für die Fülle Speckwürfel, Zwiebelwürfel und blättrig geschnittene Champignons in heißem Öl anrösten.

3 Eier und Milch verquirlen, Semmelwürfel darin einweichen, die angerösteten Speckwürfel, Zwiebelwürfel, Champignons und die flüssige Butter dazugeben.

4 Mit Petersilie, Salz und Pfeffer abschmecken und alles gut durchmischen.

5 Die Masse in die Brust füllen, die Öffnung mit einem Holzspieß zustecken.

6 Anschließend die gefüllte Schweinsbrust rundherum gut mit Salz, Pfeffer, Kümmel und Knoblauch würzen.

7 Das Gemüse und die Kartoffeln schälen und in große Stücke schneiden.

8 12 bis 15 durchgeglühte Briketts aus dem Grillkamin unter den Dutch Oven legen, 250 ml Wasser in den Oven geben und den Braten mit der Kruste nach unten hineinlegen. Den Dutch Oven zudecken und die restlichen Briketts auf den Deckel legen.

9 Nach 30 Min. den Braten rausnehmen, Gemüse und Kartoffeln hineingeben und würzen, den Schweinebraten mit der Kruste nach oben auf das Gemüse legen, mit Bier aufgießen, Dutch Oven zudecken. Nach ca. 1,5–2 Std. ist der Braten fertig.

ZUTATEN

1,5 kg Schweinsbrust
mit Schwarte
Salz und Pfeffer aus der
Mühle • Kümmel, ganz
frischer Knoblauch

FÜLLE
50 g Speckwürfel
50 g Zwiebelwürfel
50 g Champignons, blättrig
geschnitten
25 g Öl zum Anrösten
2 Eier • 125 ml Milch
200 g Semmelwürfel
25 g flüssige Butter
Petersilie, gehackt
Salz, Pfeffer

GEMÜSE
200 g Karotten
200 g Zwiebeln
200 g Sellerie
600 g Kartoffeln
1 Knolle Knoblauch,
geschält • Salz und Pfeffer
aus der Mühle
Kümmel, ganz • 125 ml Bier

GEFÜLLTES SCHWEINSFILET

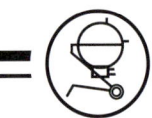    

Portionen: 4 • Grillmethode: direkt, indirekt • Zubehör: Kerntemperaturmesser
Vorbereitung: 30 Min. • Garzeit: ca. 30-45 Min. bei 140 °C, KT: 65 °C
Schwierigkeitsgrad: ✪ ✪

ZUBEREITUNG

1 Zunächst das Schweinsnetz in kaltem Wasser wässern.

2 Für die Fülle den Knoblauch in kleine Würfel schneiden.

3 Die Jungzwiebel in feine Ringe und die Champignons fein blättrig schneiden.

4 In Olivenöl alles zusammen so lange braten, bis die Flüssigkeit verdampft ist, danach mit Petersilie, Salz und Pfeffer abschmecken und kalt stellen.

5 Das Schweinsfilet der Länge nach aufschneiden, plattieren und beidseitig mit Salz und Pfeffer würzen. Mit der kalten Fülle bestreichen und einrollen.

6 Das Schweinsnetz gut ausspülen und ein Stück von etwa 30 x 40 cm auflegen. Mit frischen Rosmarinnadeln bestreuen und mit dem Speck belegen. Das Schweinsfilet daraufgeben und einrollen.

7 Den Grill vorheizen, das gefüllte Schweinsfilet rundherum direkt über der Glut kurz angrillen, danach indirekt neben der Glut bis zur gewünschten Garstufe grillen, dabei sollte die Grillhaube geschlossen sein.

ZUTATEN

1 Stk. Schweinsnetz,
40 x 40 cm
1 Schweinsfilet, ca. 600 g
Grillgewürz oder Kräutersalz
Pfeffer aus der Mühle
1 Zweig frischer Rosmarin
10 Scheiben geräucherter
Bauchspeck

FÜLLE
1 Zehe Knoblauch
2 Jungzwiebeln
200 g Champignons
1 EL Olivenöl
10 g Petersilie,
frisch gehackt
Salz und Pfeffer
aus der Mühle

TIPP

⚠ Statt Champignons kann man auch Eierschwammerl (Pfifferlinge) oder frische Steinpilze verwenden. Das Schweinsfilet schmeckt sehr gut mit blauen Kartoffeln, gelben Karotten, Kirschtomaten und Pfefferrahmsauce.

JERK PORK

Portionen: 8 • **Grillmethode: direkt, indirekt** • **Zubehör: Küchenmaschine**
Vorbereitung: 30 Min. • **Wartezeit: 12 Std.** • **Garzeit: ca. 1,5 Std. bei 180 °C**
Schwierigkeitsgrad: ⭐⭐

ZUBEREITUNG

1. Die Jerkpaste zubereiten: Zuerst die festen Zutaten in einer Küchenmaschine zerkleinern und danach die flüssigen Zutaten hinzufügen und alles zu einer cremigen Masse pürieren.

2. Den Schweineschopf der Länge nach aufschneiden und auseinanderklappen, die Form sollte rechteckig sein und die Dicke sollte max. 4 cm betragen. Mit einem Messer quer zur Faser kleine Schnitte in das Fleisch stechen (Jooking), damit die Jerkmarinade gut einziehen kann. Das Fleisch in eine rechteckige Schale legen und beidseitig mit der Jerkpaste marinieren, dabei die Marinade mit den Fingern in die Löcher drücken. Das Fleisch sollte mind. 12 Std. marinieren, bevor es gegrillt wird.

3. Das Fleisch direkt hoch über der Glut oder indirekt neben der Glut ca. 30–45 Min. pro Seite grillen. Vor dem Anschneiden 10 Min. rasten lassen.

ZUTATEN

2 kg Schweineschopf, ohne Schwarte und ohne Knochen

JERKPASTE
3 Chilischoten
2 Jungzwiebeln
1 kleine Zwiebel
2 Zehen Knoblauch
20 g Petersilie
30 g frischer Ingwer
je 1 TL Thymian und Majoran, getrocknet
2 TL Piment (Neugewürz), gemahlen
je ½ TL Pfeffer aus der Mühle und Muskatnuss, gerieben
¼ TL Zimt, gemahlen
1,5 EL grobes Salz
2 EL brauner Zucker
Saft von 1 Stück Limette
3 EL Jamaica Rum
3 EL Sojasauce
3 EL Rapsöl
2 EL Weißweinessig

TIPP

 Jerkpaste lässt sich sehr gut auf Vorrat produzieren und danach einfrieren. Die Paste wird auch im Tiefkühler nicht fest und lässt sich somit leicht entnehmen.

SPANFERKELKRONE
mit Senfkruste

Portionen: 4 • Grillmethode: indirekt
Zubehör: feuerfeste Form oder Grilltasse, Kerntemperaturmesser
Vorbereitung: 30 Min. • Garzeit: ca. 20 Min. bei 180–200 °C
Schwierigkeitsgrad: ✪ ✪

ZUBEREITUNG

1. Für die Kruste die Senfkörner in ein Sieb geben und ca. 1 Min. in Salzwasser kochen. Danach kalt abspülen und gut abtropfen lassen. Die Butter mit einem Schneebesen schaumig rühren, mit Salz, Pfeffer und Senf würzen. Danach die Senfkörner, Petersilie, Röstzwiebeln und die Semmelbrösel untermengen.

2. Die Spanferkelkronen eventuell noch parieren, mit Salz und Pfeffer würzen und mit etwas Olivenöl bestreichen. Bei hoher Hitze am besten auf einem Gussrost beidseitig kurz angrillen.

3. Danach in eine feuerfeste Form geben und mit der Senfkruste bestreichen.

4. In die Form die zerdrückten Knoblauchzehen und den Rosmarin geben, mit Rotwein und Balsamicoessig aufgießen und 1 EL Butter dazugeben.

5. Die Form in den Grill stellen, die Grillhaube schließen und das Fleisch indirekt grillen, bis eine Kerntemperatur von 58–60 °C (rosa) erreicht ist. Danach das Fleisch noch 5 Min. ruhen lassen.

ZUTATEN

2 Spanferkelkronen à 500 g
Salz, Pfeffer aus der Mühle
1 EL Olivenöl
2 Knoblauchzehen, zerdrückt
2 Rosmarinzweige
60 ml kräftiger Rotwein
1 EL Balsamicoessig
1 EL Butter

SENFKRUSTE
3 EL Senfkörner
100 g Butter
Salz, Pfeffer aus der Mühle
2 EL Kürbiskernsenf
2 EL Petersilie, gehackt
30 g Röstzwiebeln
50 g Semmelbrösel (Paniermehl)

SERVIERVORSCHLAG

 Für das Foto wurde die Krone mit Kartoffelstrudel (Rezept S. 134), Rosenkohl, Speck-Croutons und Rotweinsaftl serviert.

GEFÜLLTE ZUCCHINI

Portionen: 4 • Grillmethode: indirekt • Zubehör: feuerfeste Form oder Grilltasse
Vorbereitung: 30 Min. • Garzeit: ca. 25 Min. bei ca. 180 °C
Schwierigkeitsgrad: ✪ ✪

ZUBEREITUNG

1 Den Gemüsefond aufkochen und das Soja-Granulat einrühren, ca. 5 Min. quellen lassen.

2 Karotten, Lauch, Paprika und Knoblauch fein würfelig schneiden.

3 In einer Pfanne Olivenöl erhitzen, das Gemüse kräftig anrösten, das Soja-Granulat dazugeben. Kurz weiter-rösten, danach die Pizzatomaten zugeben und die Masse etwas einkochen lassen.

4 Abschmecken mit roter Currypaste, Sojasauce, Salz, Pfeffer aus der Mühle und frisch gehackten Kräutern.

5 Die Gemüsefülle etwas abkühlen lassen.

6 In der Zwischenzeit die Zucchini aushöhlen, das geht mit einem Parisienne-Ausstecher sehr gut. Die fertig ausge-höhlten Zucchini sollten ca. 130 g pro Stück wiegen.

7 Die Gemüsefülle mit einem kleinen Löffel fest in die ausgehöhlten Zucchini füllen.

8 Den Grill vorheizen. Die Zucchini indirekt am Grillrost platzieren und bei ca. 180 °C 25 Min. grillen, die Grill-haube dabei schließen.

ZUTATEN

250 g Gemüsefond

125 g Soja-Granulat

100 g Karotten

100 g Lauch (Porree)

100 g rote oder gelbe
Paprikaschoten

2 Knoblauchzehen

30 g Olivenöl

200 g gewürfelte
Pizzatomaten aus der Dose

1 TL rote Currypaste

Sojasauce nach Geschmack

Salz, Pfeffer aus der Mühle

3 EL frisch gehackte Kräuter

4 Zucchini à 300 g

TIPP

 Soll das Gericht nicht vegan sein, kann man auch etwas geriebenen Hartkäse auf die gefüllten Zucchini streuen oder sie mit Knoblauch-Kräuterbutter (Rezept S. 171) belegen und im Grill überbacken.

SERVIERVORSCHLAG

 Mit gelben Karotten, Kirschtomaten und Tomatensauce.

GEMÜSELASAGNE

Portionen: 6 Personen, Größe der Form ca. 20 x 30 cm
Grillmethode: indirekt • Zubehör: Grilltasse oder eckige Auflaufform
Vorbereitung: 45 Min. • Garzeit: ca. 30-40 Min. bei 180-200 °C
Schwierigkeitsgrad: ✪ ✪

ZUBEREITUNG

1. Das gesamte Gemüse waschen, schälen und durch die mittlere Scheibe des Fleischwolfs drehen. Olivenöl in einer Pfanne erhitzen und das Gemüse darin anrösten, das Tomatenmark zugeben, kurz weiterrösten, mit Gemüsefond und der Tomatensauce aufgießen, mit den restlichen Zutaten abschmecken und 30 Min. auf kleiner Flamme einkochen lassen.

2. Für die Béchamelsauce in einem Topf die Zwiebelwürfel in Butter anschwitzen, das Mehl dazugeben und kurz aufschäumen lassen.

3. Mit der Milch aufgießen und unter ständigem Rühren aufkochen lassen, abschmecken und ca. 10 Min. auf kleiner Flamme köcheln lassen.

4. In die etwas abkühlte Sauce Eidotter und geriebenen Hartkäse einrühren.

5. In eine feuerfeste Form in folgender Reihenfolge schichten: Gemüsesugo, Basilikumblätter, Sauce Béchamel, Lasagneblätter.

6. Diese Reihenfolge 3 Mal wiederholen, mit Gemüsesugo und Sauce Béchamel abschließen und mit geriebenem Hartkäse bestreuen.

ZUTATEN

je 100 g Karotten, Lauch
(Porree), Zucchini, Sellerie
und Zwiebeln
2 Zehen Knoblauch
40 g Olivenöl
60 g Tomatenmark
150 ml Gemüsefond
400 g Tomatensauce
10 g Salz, Pfeffer
aus der Mühle
2 Lorbeerblätter, Oregano
und Thymian, gerebelt,
Rosmarin, frisch gehackt
2 EL Sojasauce • 1 El Zucker

250 g dünne Lasagneblätter
ohne Vorkochen (12 Stück)
1 Bund frisches Basilikum
100 g geriebener Hartkäse

SAUCE BÉCHAMEL
60 g Zwiebeln,
fein geschnitten
40 g Butter • 40 g glattes
Mehl • 500 ml Milch
Salz, Pfeffer aus der Mühle,
Muskatnuss • 2 Eidotter
100 g geriebener Hartkäse

KARTOFFEL-STEINPILZ-GRATIN

Portionen: 6 • **Grillmethode: indirekt** • **Zubehör: Grilltasse, Dutch Oven, Gusspfanne**
Vorbereitung: 20 Min. • **Garzeit: ca. 50 Min. bei 180 °C**
Schwierigkeitsgrad: ★

ZUBEREITUNG

1. Kartoffeln waschen, schälen und mit einem Gemüsehobel in max. 2 mm dicke Scheiben schneiden.
2. Die Steinpilze putzen und in etwas dickere Scheiben schneiden.
3. Die Zwiebel und den Knoblauch in kleine Würfel schneiden. Die Kräuter fein hacken.
4. Alles zusammen in eine große Schüssel geben, mit Sahne übergießen und mit einer kräftigen Prise Salz, mit Pfeffer aus der Mühle und frisch geriebener Muskatnuss abschmecken.
5. Eine passende feuerfeste Auflaufform oder Grilltasse mit Butter ausstreichen.
6. Die Kartoffelmasse ca. 4 cm hoch gleichmäßig in die Form drücken und mit dem geriebenen Hartkäse bestreuen. Es sollten noch ca. 2 cm Rand frei bleiben, da das Gratin sonst beim Grillen überläuft.

ZUTATEN

1 kg festkochende Kartoffeln
250 g frische Steinpilze
1 kleine Zwiebel
2 Zehen Knoblauch
1 Zweig Rosmarin
1 Zweig Thymian
500 ml Schlagobers (Sahne)
Salz
frisch gemahlener Pfeffer aus der Mühle
1 Prise frisch geriebene Muskatnuss
Butter für die Form
150 g geriebener Hartkäse

--- **TIPP** ---

Der Kartoffel-Steinpilz-Gratin lässt sich auch in einem Dutch Oven zubereiten.
Statt frischer Steinpilze kann man auch getrocknete Steinpilze verwenden, diese sollten jedoch über Nacht in Wasser eingeweicht werden.

TOMATEN
gefüllt und überbacken

Portionen: 12 Stück • Grillmethode: indirekt • Zubehör: feuerfeste Form oder Grilltasse
Vorbereitung: 30 Min. • Garzeit: ca. 15 Min. bei ca. 180 °C
Schwierigkeitsgrad: ★

ZUBEREITUNG

1 Knoblauchzehe fein hacken. Jungzwiebeln schräg in Ringe schneiden. Karotten würfeln und in heißem Öl ca. 5 Min. andünsten. Jungzwiebeln und Knoblauch kurz mit andünsten.

2 Mit 250 ml Wasser, Salz, Pfeffer und Curry aufkochen.

3 Topf vom Herd ziehen, Couscous einrühren, ca. 2 Min. quellen lassen. Danach die frisch gehackten Kräuter untermischen.

4 Tomatendeckel abschneiden und das Fruchtfleisch herauslösen. Mit Couscous füllen und in eine feuerfeste Form setzen. Von der vorbereiteten Knoblauch-Kräuterbutter 12 Scheiben mit 1 cm Dicke abschneiden und auf die gefüllten Tomaten legen.

5 Die Tomaten im vorgeheizten Grill indirekt ca. 10–15 Min. garen.

6 Ich serviere die gefüllten Tomaten gerne mit Blattspinat und Safranrahmsauce.

ZUTATEN

1 Knoblauchzehe
1 Bund Jungzwiebeln
100 g Karotten
1 EL Olivenöl
250 ml Wasser
Salz, Pfeffer aus der Mühle
1 TL Curry
150 g Couscous (vorgegarter Hartweizengrieß)
2 EL frisch gehackte Kräuter
12 feste Tomaten à 150 g
250 g Knoblauch-Kräuterbutter zum Überbacken (Rezept S. 171)

SCHRITT FÜR SCHRITT

VEGGIE BURGER

mit Tofu und Couscous

Portionen: 4 • Grillmethode: direkt • Zubehör: Gussrost, Gussgrillplatte
Vorbereitung: 15 Min. • Garzeit: 6 Min.
Schwierigkeitsgrad: ★

ZUBEREITUNG

1   Den Tofu in der Küchenmaschine ca. 10 Sek. cuttern oder faschieren.

2   Den Couscous in eine Schüssel geben, mit kochendem Gemüsefond übergießen und 5 Min. quellen lassen. In den etwas abgekühlten Couscous den Tofu und die Röstzwiebeln geben und vermischen, mit frischen, gehackten Kräutern und frisch gepresstem Knoblauch abschmecken. Bei Bedarf mit Salz und Pfeffer nachwürzen. Zum Schluss das Ei dazugeben und die Burgermasse gut durchkneten.

3   Vier flache, gleich große, max. 1,5 cm dicke Burger formen.

4   Grill vorheizen.

5   Die Burger ca. 2–3 Min. direkt grillen, wenden, mit Röstzwiebeln und Käse belegen und die Grillhaube für 2–3 Min. schließen.

6   Die fertig gegrillten Burger nach Geschmack zusammenbauen.

ZUTATEN

250 g Tofu, geräuchert
100 g Couscous
150 g Gemüsefond
80 g Röstzwiebeln
2 EL gehackte Kräuter
1 Zehe Knoblauch
Salz und Pfeffer
nach Belieben
1 Ei
40 g Röstzwiebeln
4 Scheiben Gauda
4 Stk. Burgerbrot

GARNITUR
Blattsalat, Pesto Rosso,
Kräutersauerrahm, Tomaten,
Zwiebeln, Gurkenscheiben

BELUGALINSEN

Portionen: 8 • Grillmethode: direkt • Zubehör: Grilltasse oder passender Topf
Vorbereitung: 30 Min. • Garzeit: ca. 20 Min.
Schwierigkeitsgrad: ★

ZUBEREITUNG

1 Die Zwiebel in kleine Würfel schneiden, ebenso den Knoblauch, die Karotte und die Paprikaschote. Oliven-öl erhitzen, Zwiebel, Knoblauch, Karotten- und Papri-kawürfel glasig anschwitzen und mit Salz, Pfeffer aus der Mühle und Curry würzen.

2 Die gewürfelten Tomaten dazugeben und aufkochen lassen. Die kernig gekochten Linsen dazugeben und auf kleiner Flamme erhitzen.

3 Mit Sojasauce, Zucker, Currykraut, Limettenschale und Saft abschmecken.

4 Wenn die Linsen zu dick sind, mit etwas Suppe oder Gemüsefond aufgießen.

ZUTATEN

1 große Zwiebel
2 Zehen Knoblauch
1 Karotte
1 rote Paprikaschote
2 EL Olivenöl
Salz, Pfeffer aus der Mühle
1 EL Madrascurry
1 Dose Tomatenwürfel, 400 g
500 g gekochte Belugalinsen
20 ml Sojasauce
1 EL brauner Zucker
1 kleiner Bund Currykraut
Schale und Saft von
1 Limette

SERVIERVORSCHLAG

 Belugalinsen auf geräuchertem Kartoffelpüree mit Blutwurst und Grissini.

TIPP

 Sie schmecken auch sehr gut zu den Styrian Moink Balls (Rezept S. 68).

FOLIENKARTOFFELN

Portionen: 4 • Grillmethode: indirekt • Zubehör: Alufolie
Vorbereitung: 10 Min. • Garzeit: ca. 60-75 Min. bei 150-180 °C
Schwierigkeitsgrad: ⭐

ZUBEREITUNG

1 Die Kartoffeln gründlich waschen.
2 Das Olivenöl mit den Gewürzen vermischen.
3 Vier Stück Alufolie, ca. 30 x 30 cm groß, vorbereiten. Die matte Seite kommt nach unten.
4 Auf jedes Stück Alufolie eine Kartoffel legen, mit dem Gewürzöl einpinseln und einschlagen.
5 Die Folienkartoffeln im Grill indirekt platzieren und so lange grillen, bis sie weich sind. Druckprobe: Wenn die Kartoffeln sich zusammendrücken lassen, sind sie fertig.
6 Die fertigen Folienkartoffeln 1 Mal bis zur Mitte einschneiden und aufklappen.
7 Mit Sourcream, Röstzwiebeln, Speck und frischem Schnittlauch garnieren.

ZUTATEN

1 kg Ofenkartoffeln
(4 Stück à 250 g)
2 EL Olivenöl
1 TL Salz
Kümmel, ganz
Majoran, gerebelt
Thymian, gerebelt
Pfeffer aus der Mühle

GARNITUR
Sourcream (Rezept S. 171)
40 g Röstzwiebeln
12 Scheiben knusprig gegrillte Speckstreifen
frischer Schnittlauch

TIPP
 Die Kartoffeln vorzukochen verkürzt die Grillzeit auf 20 Min.

SERVIERVORSCHLAG
 Folienkartoffeln mit Sourcream, Bacon, Röstzwiebeln und Schnittlauch.

GEMÜSEREIS

Portionen: 4-6 • Grillmethode: direkt, indirekt • Zubehör: Grilltasse
Vorbereitung: 15 Min. • Garzeit: ca. 20 Min. bei 150-180 °C
Schwierigkeitsgrad: ⭐

ZUBEREITUNG

1 Karotten schälen und in 2 mm dicke Scheiben schneiden. Champignons 4 mm dick blättrig schneiden. Lauch in 4 mm dicke Ringe schneiden. Zucchini vierteln, entkernen und in 4 mm breite Streifen schneiden. Zwiebel und Knoblauch in kleine Würfel schneiden.

2 Eine Grilltasse direkt über der Glut platzieren, Olivenöl darin erhitzen und das Gemüse darin anbraten, mit Salz und Pfeffer aus der Mühle würzen.

3 Den Reis dazugeben, mit Wasser aufgießen und aufkochen lassen.

4 Das Lorbeerblatt, die Nelken und die Butter dazugeben und die Grilltasse mit Alufolie abdecken.

5 Indirekt im Grill ca. 10-15 Min. garen.

ZUTATEN

100 g Karotten
100 g braune Champignons
100 g Lauch (Porree)
100 g Zucchini
1 kleine Zwiebel
1 Zehe Knoblauch
2 EL Olivenöl
10 g Salz
Pfeffer aus der Mühle
250 g Parboiled
Langkornreis
400 g Wasser
1 Lorbeerblatt
2 Gewürznelken
1 EL Butter

KARTOFFELSTRUDEL

Portionen: 4–6 (2 Strudel à 500 g) • Grillmethode: indirekt • Zubehör: Backblech oder Alufolie
Vorbereitung: 1 Std. • Garzeit: ca. 20–25 Min. bei 180 °C • Schwierigkeitsgrad: ✪ ✪

ZUBEREITUNG

1 Olivenöl und Butter zusammen in einer Pfanne schmelzen. ⅔ in eine Tasse leeren, wird zum Bestreichen benötigt, im Rest die Zwiebeln und Speckwürfel glasig anschwitzen und zur Seite stellen.

2 Den Strudelteil vorbereiten. Immer 2 Lagen Strudelteig übereinander verwenden. Die erste Lage mit dem Öl-Butter-Gemisch bestreichen, das zweite Strudelblatt darauflegen und wieder mit dem Öl-Butter-Gemisch bestreichen.

3 ⅔ des Strudelblattes mit kalten Kartoffelscheiben bestreuen. Auf den Kartoffeln die Hälfte der Zwiebel- und Speckwürfel verteilen.

4 Würzen mit Salz und Pfeffer aus der Mühle, frischem Majoran, Petersilie und Kümmel.

5 Den Strudel vorsichtig einrollen und mit dem Öl-Butter-Gemisch bestreichen. Auf einem befetteten Backblech im Grill indirekt platziert bei geschlossenem Deckel backen.

ZUTATEN

20 g Olivenöl
80 g Butter
100 g Zwiebeln, in kleine Würfel geschnitten
50 g Speck, in kleine Würfel geschnitten
4 Blätter fertiger Strudelteig (1 Pkg.)
1 kg Kartoffeln, in der Schale gekocht, geschält und blättrig geschnitten
Salz, Pfeffer aus der Mühle
frische gemischte Kräuter: Majoran, Petersilie
1 TL Kümmel, ganz

TIPP

 Wer kein passendes Blech hat, faltet Alufolie mehrmals übereinander und legt jeweils einen Strudel darauf. Schmeckt wunderbar zur Spanferkelkrone (Rezept S. 116).

POLENTASCHNITTE

**Portionen: 8-10 • Grillmethode: direkt • Zubehör: Wok, passender Topf oder Pfanne
Vorbereitung: 10 Min. • Garzeit: ca. 5 Min. • Schwierigkeitsgrad: ✪**

ZUBEREITUNG

1 Zwiebel und Knoblauch feinwürfelig schneiden und mit der Butter in einem größeren Topf glasig dünsten.
2 Mit Gemüsefond aufgießen und aufkochen lassen.
3 Die Polenta unter ständigem Rühren einrieseln lassen, würzen, Hitze zurücknehmen und unter beständigem Rühren ca. 3 Min. garen, bis ein dicker Brei entsteht.
4 Den Topf von der Kochstelle nehmen, den frisch geriebenen Parmesan einrühren und die noch heiße Masse in gewünschter Dicke auf ein Blech streichen.
5 Die kalte Polenta entweder ausstechen oder mit dem Messer in die gewünschte Form schneiden.

ZUTATEN

1 kleine Zwiebel, fein geschnitten
1 Zehe Knoblauch, fein geschnitten
30 g Butter
500 ml Gemüsefond
250 g feine Polenta (1-Min.-Polenta)
Meersalz aus der Mühle
Pfeffer aus der Mühle
70 g geriebener Parmesan

TIPP

❗ Die Polenta kann mit gehackten Kürbiskernen, mit Safran, mit frisch gehacktem Rosmarin oder mit Grammeln oder Speckwürfeln zubereitet oder mit Speck, Karotten oder auch Zucchini umwickelt werden.

CREMIGE POLENTA

ZUBEREITUNG

1 Zubereitung wie oben, die fertig gerührte Polenta mit Butter und frischem Parmesan montieren und sofort anrichten (siehe Beefribs, S. 94).

ZUTATEN

Rezept wie oben, aber doppelte Menge Gemüsefond (1 l) + 60 g Butter zum Montieren

TIPP

 Im Gegensatz zu Risotto lässt sich die fertige cremige Polenta sehr gut warm halten.

KNACKIGES WOKGEMÜSE

Portionen: 4 • Grillmethode: direkt • Zubehör: Wokaufsatz, Wokpfanne, passender Topf oder Pfanne
Vorbereitung: 20 Min. • Garzeit: 5 Min. • Schwierigkeitsgrad: ⭐

ZUBEREITUNG

1. Das gesamte Gemüse in gleichmäßige Streifen schneiden.
2. In einem Wok oder einer Eisenpfanne Erdnussöl stark erhitzen, die Gemüsestreifen scharf anrösten und mit Salz und Pfeffer würzen.
3. Je nach Vorlieben mit Sojasauce, Chili oder frischem Ingwer abschmecken.

ZUTATEN

2 Karotten
1 Stange Lauch (Porree)
je 1 Stück frischer Paprika
rot, gelb, orange oder grün
1 Zwiebel
1 Zehe Knoblauch
1 kleiner Zucchino
3 EL Erdnussöl
Salz, Pfeffer aus der Mühle
Chili, frischer Ingwer oder
Sojasauce nach Geschmack

TIPP

 Wokgemüse passt wunderbar zu Porterhouse-Steak (Rezept S. 100).

BURGERBROT

Portionen: 4 Stk. • **Grillmethode: indirekt**
Zubehör: Pizzastein, Lochblech, Alufolie • **Vorbereitung: 20 Min.**
Wartezeit: ca. 1 Std. zum Rasten/Aufgehen • **Grillzeit: ca. 10 Min. bei 200 °C**
Schwierigkeitsgrad: ✪ ✪

ZUBEREITUNG

1   Alle Zutaten für den Teig in die Rührschüssel einer Küchenmaschine geben und mit dem Knethaken 11 Min. auf kleinster Stufe kneten. Der Teig ist perfekt, wenn er einheitlich glatt ist (keine eingeschlossenen Klumpen) und sich komplett vom Kesselrand löst.

2   Den Teig in vier gleich große Stücke teilen und schleifen = glatte Kugeln formen.

3   Zugedeckt ca. 30 Min. bei Zimmertemperatur rasten lassen.

4   Nach dem Rasten die Teigkugeln mit der Hand flach drücken, auf ein Lochblech legen, mit Wasser bestreichen und mit den gehackten Kürbiskernen bestreuen.

5   Zugedeckt nochmal ca. 30 Min. aufgehen lassen.

6   Den Grill indirekt auf ca. 200 °C vorheizen.

7   Die Burgerbrote mit dem Lochblech im Grill indirekt platzieren und die Grillhaube sofort schließen.

ZUTATEN

240 g Mehl (AT: Type 480, DE: Type 405)
10 g Maisstärke
4 g Salz
5 g Zucker
1 Pkg. Trockenhefe
20 g flüssige Butter
1 Eidotter
110 ml kaltes Wasser
20 g Kürbiskerne, gehackt

TIPP

! **Wer kein Lochblech besitzt, kann aus dickerer Grill-Alufolie 2 ca. 60 cm große Stücke abreißen und diese 3 Mal falten. So erhält man 2 selbst gebastelte Backbleche mit 20 cm Breite, diese mit etwas Öl einfetten.**

FLADENBROT

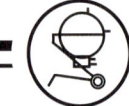    

Portionen: 5 Fladen à ca. 170 g • Grillmethode: direkt • Zubehör: Gussrost, Pizzaschieber
Vorbereitung: 20 Min. • Wartezeit: ca. 60 Min. rasten lassen
Garzeit: ca. 6-8 Min. pro Stück bei 230 °C
Schwierigkeitsgrad: ✪ ✪

ZUBEREITUNG

1   Alle Zutaten für den Teil in die Rührschüssel einer Küchenmaschine geben und den Teig mit dem Knethaken 10 Min. auf kleinster Stufe kneten. Es wird ein eher fester Teig. Er ist perfekt, wenn er einheitlich glatt ist (keine eingeschlossenen Klumpen) und sich komplett vom Kesselrand lösen lässt.
2   Den Teig in fünf gleich große Stücke teilen und schleifen = glatte Kugeln formen.
3   Zugedeckt ca. 60 Min. rasten lassen.
4   In der Zwischenzeit das Gewürzöl zubereiten, indem man alle Zutaten bis auf das Öl in einem Mörser fein zerstampft und anschließend mit dem Olivenöl glatt rührt.
5   Aus den Teiglingen mit einem Rollholz ca. 30 cm große Fladen ausrollen, mit dem Gewürzöl bestreichen, danach mit einem Messer kleine Schnitte in den Teig stupfen. Mithilfe eines Pizzaschiebers direkt auf den heißen Grillrost mit der eingeölten Seite nach unten platzieren und 3 Min. direkt grillen, umdrehen und weitere 3 Min. grillen.

ZUTATEN

75 g Maismehl
450 g Weizenmehl glatt
1 Pkg. Trockenhefe
1 TL Zucker
10 g Salz
1 TL Brotgewürz
2 EL Olivenöl
280 ml kaltes Wasser

GEWÜRZÖL

2 Zehen Knoblauch
frische Kräuter
1 klein gehackte Chilischote
etwas Salz
50 ml Olivenöl

TIPP

 Dieses Brot lässt sich auch auf einem Grillgerät ohne Deckel problemlos backen.

GRAMMELBROT

Portionen: 2 Baguettes, ca. 350 g • Grillmethode: indirekt
Zubehör: Pizzastein, Alufolie • Vorbereitung: 20 Min.
Wartezeit: ca. 1,5 Std. rasten/aufgehen lassen
Grillzeit: ca. 20 Min. bei 180–200 °C
Schwierigkeitsgrad: ✪ ✪

ZUBEREITUNG

1 Alle Zutaten für den Teig in die Rührschüssel einer Küchenmaschine geben und mit dem Knethaken 11 Min. auf kleinster Stufe kneten. Der Teig ist perfekt, wenn er einheitlich glatt ist (keine eingeschlossenen Klumpen) und sich komplett vom Kesselrand löst.

2 Die Zutaten der Einlage dazugeben und nochmal gut durchkneten.

3 Den Teig in 2 gleich große Stücke teilen und schleifen = glatte Kugeln formen.

4 Zugedeckt ca. 30 Min. bei Zimmertemperatur rasten lassen.

5 Aus etwas dickerer Grill-Alufolie 2 ca. 50 cm große Stücke abreißen und 5 Mal falten. So erhält man 2 selbst gebastelte Backbleche mit 10 cm Breite, diese mit etwas Öl einfetten.

6 Nach dem Rasten den Teig in Baguettes formen, auf die vorbereiteten Alu-Streifen legen und zugedeckt nochmal ca. 1 Std. aufgehen lassen.

7 Den Grill indirekt auf ca. 200 °C vorheizen.

8 Die Baguettes mit einem scharfen Messer schräg einschneiden und mithilfe der Alu-Streifen am Grill neben der Glut platzieren. Die Grillhaube sofort schließen.

ZUTATEN

TEIG
350 g Mehl (AT: Type 480, DE: Type 405)
8 g Salz
2 Pkg. Trockenhefe
1 TL Essig
250 g kaltes Wasser

EINLAGE
80 g Grammeln
30 g Röstzwiebeln
2 Zehen Knoblauch
10 g frisch gehackte Petersilie

144

KNOBLAUCHBROT
aus Brotresten

Portionen: ca. 20 Stück • Grillmethode: indirekt
Zubehör: Gussrost, Gemüsekorb • Vorbereitung: 10 Min.
Garzeit: ca. 10 Min.
Schwierigkeitsgrad: ★

ZUBEREITUNG

1 Das gesamte Brot in gleichmäßige Stücke schneiden und in eine große Schüssel geben.

2 Mit den getrockneten Kräutern und dem gepressten Knoblauch vermischen, einen kräftigen Schuss Oliven-öl dazugeben, nochmal gut durchmischen und ca. 20 Min. ziehen lassen.

3 Im vorgeheizten Grill indirekt neben der Glut am besten auf einem Gussrost 10 Min. grillen.

ZUTATEN

500 g Brotreste vom Vortag
(Semmeln, Kornspitz,
Toastbrot, Mohnweckerl,
Weißbrot usw.)
getrockneter Oregano
und Thymian
3-5 Knoblauchzehen
60 ml Olivenöl

TIPP

! **Mit diesem Rezept möchte ich zeigen, dass zähes, altbackenes Brot, das sich in der Brotdose ansammelt, sehr gut verarbeitet werden kann. So hergestelltes Knoblauchbrot schmeckt genial – probieren Sie es aus.**

PIZZA

**Portionen: 12 Pizzen à 25 cm • Grillmethode: indirekt • Zubehör: Pizzastein
Vorbereitung: 45 Min. • Garzeit: 8-10 Min. bei 200 °C
Schwierigkeitsgrad: ✪ ✪**

ZUBEREITUNG

1 Das Mehl in eine große Schüssel geben, in der Mitte eine Mulde eindrücken und die Hefe hineinbröseln. Etwas lauwarmes Wasser auf die Hefe gießen und kurz umrühren, danach ca. 15 Min. an einem warmen Ort aufgehen lassen.

2 Den Hartweizengrieß, Salz, Zucker und das restliche Wasser dazugeben und zu einem festen Teig kneten, diesen 30 Min. rasten lassen.

3 Danach 10 bis 12 Kugeln formen und zugedeckt einmal aufgehen lassen, das geht auch im Kühlschrank, dauert aber länger.

4 Den Teig ausrollen und nach Wunsch belegen, beispielsweise mit Tomatensauce, Pizzakäse, Salami, Champignons, Paprikawürfeln, Chilischoten und Oregano.

ZUTATEN

800 g Mehl (AT: Type W 700 glatt, DE: Type 550)
2 Würfel frische Hefe
650 ml lauwarmes Wasser
200 g Hartweizengrieß (Durum Nudelgrieß)
1 EL Salz
1 EL brauner Zucker

BELAG
Tomatensauce
Pizzakäse
Salami
Schinken
Champignons
weitere Zutaten
nach Belieben

TIPP

 Die Pizzateigkugeln lassen sich auch einfrieren. Die gefrorenen Teigkugeln am Vortag in den Kühlschrank legen und langsam auftauen lassen.
Aus diesem Teig lässt sich auch schmackhaftes Knoblauchbrot zubereiten.

TOMATEN-BASILIKUM-BROT

Portionen: 2 Baguettes, ca. 350 g • **Grillmethode: indirekt**
Zubehör: Pizzastein, Alufolie • **Vorbereitung: 20 Min.**
Wartezeit: ca. 1,5 Std. rasten/aufgehen lassen • **Grillzeit: ca. 20 Min. bei 180–200 °C**
Schwierigkeitsgrad: ✪ ✪

ZUBEREITUNG

1   Alle Zutaten für den Teig in die Rührschüssel einer Küchenmaschine geben und mit dem Knethaken 11 Min. auf kleinster Stufe kneten. Der Teig ist perfekt, wenn er einheitlich glatt ist (keine eingeschlossenen Klumpen) und sich komplett vom Kesselrand löst.
2   Die Zutaten der Einlage dazugeben und nochmal gut durchkneten.
3   Den Teig in 2 gleich große Stücke teilen und schleifen = glatte Kugeln formen.
4   Zugedeckt ca. 60 Min. bei Zimmertemperatur rasten lassen.
5   Aus etwas dickerer Grill-Alufolie 2 ca. 50 cm große Stücke abreißen und 5 Mal falten. So erhält man 2 selbst gebastelte Backbleche mit 10 cm Breite, diese mit etwas Öl einfetten.
6   Nach dem Rasten den Teig in Baguettes formen, auf die vorbereiteten Alu-Streifen legen und zugedeckt nochmal ca. 30 Min. aufgehen lassen.
7   Den Grill indirekt auf ca. 200 °C vorheizen.
8   Die Baguettes mit einem scharfen Messer schräg einschneiden und mithilfe der Alu-Streifen am Grill neben der Glut platzieren. Die Grillhaube sofort schließen.

ZUTATEN

350 g Mehl (AT: Type 480, DE: Type 405)
10 g Salz
1 Pkg. Trockenhefe
2 EL Öl von den getrockneten Tomaten
1 TL Tomaten-Essig
200 g kaltes Wasser

EINLAGE
40 g klein geschnittene getrocknete Tomaten
1 Zehe frisch gepresster Knoblauch
10 g frisch geschnittenes Basilikum

CRÈME BRÛLÉE
mit Kürbiskernöl

Portionen: 4 Formen mit 12 cm Ø • Grillmethode: indirekt
Zubehör: flache feuerfeste Förmchen, Grilltasse oder Backblech mit Rand für Wasserbad
Vorbereitung: 15 Min. • Garzeit: 60 Min. bei 100–120 °C
Schwierigkeitsgrad: ✪ ✪

ZUBEREITUNG

1 Schlagobers und Vanilleschotenmark aufkochen. Dotter, Kernöl und Zucker verrühren und die heiße Flüssigkeit unter ständigem Rühren darübergießen. Auf vier flache Förmchen aufteilen.

2 Ein tiefes Backblech oder eine Grilltasse ca. 1 cm hoch mit Wasser befüllen und im Grill erhitzen.

3 Die Förmchen ins heiße Wasserbad stellen. Bei geschlossener Grillhaube ca. 60 Min. indirekt grillen.

4 Mind. 2 Std. auskühlen lassen. Mit Zucker bestreuen und mit einem Brenner (Lötlampe) abflämmen bzw. karamellisieren.

ZUTATEN

400 ml Schlagobers (Sahne)
Mark von 1 Vanilleschote
4 Eidotter
2 EL Kürbiskernöl
40 g Zucker
Zucker zum Bestreuen

 TIPP

 Das Gericht schmeckt auch aus dem Smoker – mit Holz geräuchert – sehr interessant.

GEGRILLTE WAFFELN

mit Bananen

Portionen: 8 Waffeln mit 17 cm Ø • Grillmethode: direkt
Zubehör: Waffeleisen • Vorbereitung: 30 Min.
Garzeit: ca. 3 Min. bei 200 °C
Schwierigkeitsgrad: ✪ ✪

ZUBEREITUNG

1 Butter schmelzen und abkühlen lassen.
2 Eier mit Zucker schaumig rühren. Butter und Bourbon-Vanille-Zucker dazugeben und unterrühren. Mehl mit Backpulver und den geriebenen Kürbiskernen vermischen und unter die Eier rühren. Mineralwasser mit Kohlensäure zufügen und den Waffelteig glatt rühren.
3 Bananen schälen, würfeln, in einen Mixbecher füllen und mit dem Zitronensaft fein pürieren. Das Bananen-püree unter den Waffelteig rühren und ca. 30 Min. ruhen lassen.
4 Das Waffeleisen direkt über der Glut vorheizen und vor jedem Backgang einfetten. Jeweils zwei gehäufte Esslöffel Teig in die Mitte des Waffeleisens geben, den Deckel verschließen und die Waffeln goldbraun backen. Das dauert je nach Temperatur ca. 1–2 Min. pro Seite.

ZUTATEN

125 g Butter
4 Eier
125 g Zucker
10 g Bourbon-Vanille-Zucker
125 g Mehl
½ TL Backpulver
125 g fein geriebene Kürbiskerne
125 ml Mineralwasser
300 g Bananenfruchtfleisch
Saft von 1 Zitrone

MOZARTKUGEL
im Strudelblatt

Portionen: 12 • Grillmethode: indirekt
Zubehör: Muffinformen oder Aluminiumförmchen
Vorbereitung: 30 Min. • Garzeit: ca. 15 Min. bei 180-200 °C
Schwierigkeitsgrad: ✪ ✪

ZUBEREITUNG

1 Die Muffinformen mit flüssiger Butter einfetten.

2 Die Strudelteigblätter in 10 x 10 cm große Quadrate schneiden, mit flüssiger Butter bestreichen und in die Muffinformen drücken.

3 40 g Butter schaumig rühren, nach und nach die Eidotter einrühren, mit einer Prise Salz und etwas Zitronenzeste würzen, den Sauerrahm und die Weißbrotwürfel dazugeben und gut verrühren.

4 Eiklar und Zucker gemeinsam aufschlagen. Den Eischnee unter die Sauerrahmmasse heben.

5 Nun die Sauerrahmmasse in die vorbereiteten Formen ca. 1,5 cm hoch einfüllen.

6 In jede Form eine Mozartkugel legen und mit gehackten Pistazien bestreuen.

7 Den Grill auf 180-200 °C vorheizen und die Formen indirekt platzieren. Die Backzeit beträgt ca. 12-15 Min.

8 Die fertigen Mozarttörtchen vorsichtig aus den Formen heben und anrichten.

ZUTATEN

100 g flüssige Butter
für die Muffinformen
1 Pkg. Strudelteigblätter
40 g Butter
2 Eidotter
Prise Salz, Zitronenzeste
120 g Sauerrahm (saure
Sahne)
60 g entrindete
Weißbrotwürfel
2 Eiklar
40 g Zucker
12 Mozartkugeln
1 EL gehackte Pistazien

SERVIERVORSCHLAG

 Mozartkugel im Strudelblatt auf Minzpesto (Rezept S. 170) mit Pfirsichmark, Himbeeren und Heidelbeeren.

SALZBURGER NOCKERL

Portionen: 3-4 (3-4 Nockerl) • **Grillmethode: indirekt**
Zubehör: Backblech oder Auflaufform • **Vorbereitung: 20 Min.**
Garzeit: ca. 10 Min. bei 200 °C
Schwierigkeitsgrad: ★ ★

ZUBEREITUNG

1 Eine flache Wanne oder Auflaufform mit Butter ausstreichen und die Preiselbeerkonfitüre darin verteilen.

2 Eiklar etwas salzen und unter ständiger Zugabe von Kristallzucker zu festem Schnee schlagen.

3 Eidotter mit einem Teigschaber einrühren, Mehl und Vanillezucker vorsichtig unterheben.

4 Mit einer Teigkarte 3 bis 4 Nockerl auf die Preiselbeerkonfitüre setzen.

5 Sofort im heißen Grill indirekt platzieren und den Deckel schließen.

6 Vor dem Servieren mit Staubzucker bestreuen.

ZUTATEN

Butter zum Ausstreichen
4 EL Preiselbeerkonfitüre
7 Eiklar
Prise Salz
100 g Kristallzucker
2 Eidotter
20 g glattes Mehl
1 EL Vanillezucker
Staubzucker

STEIRISCHER APFELSTRUDEL

Portionen: 4-6 (2 Strudel à 500 g) • **Grillmethode: indirekt**
Zubehör: Backblech oder Alufolie • **Vorbereitung: 30 Min.**
Garzeit: ca. 20-25 Min. bei 180 °C
Schwierigkeitsgrad: ★ ★

ZUBEREITUNG

1 Für die Butterbrösel die Butter in einer Pfanne schmelzen, Semmelbrösel kurz rösten.
2 Die Äpfel schälen, entkernen und blättrig schneiden. Mit Zucker, Zimt, Zitronensaft und Rum abschmecken.
3 Rosinen, Kürbiskerne und den Sauerrahm dazugeben und durchmischen.
4 Butter schmelzen.
5 Den Strudelteig vorbereiten: Immer 2 Lagen Strudelteig übereinander verwenden. Die erste Lage mit Butter bestreichen, das zweite Strudelblatt darauflegen und wieder mit Butter bestreichen.
6 ⅔ des Strudelblattes mit Butterbröseln bestreuen. Die Apfelfülle auf den Bröseln verteilen.
7 Den Strudel vorsichtig einrollen und mit Butter bestreichen. Auf einem befetteten Backblech im Grill indirekt platziert bei geschlossenem Deckel backen.

ZUTATEN

700 g feste Äpfel
Zucker, Zimt, Zitronensaft, Rum
30 g Rosinen
50 g Kürbiskerne, gehackt
100 g Sauerrahm (saure Sahne)
50 g flüssige Butter
1 Pkg. Strudelblätter

BUTTERBRÖSEL
35 g Butter
65 g Semmelbrösel (Paniermehl)

TIPP

 Wer kein passendes Blech hat, faltet Alufolie mehrmals übereinander und legt jeweils einen Strudel darauf.

SERVIERVORSCHLAG

 Den Apfelstrudel ganz klassisch mit Vanilleeis, Kürbiskernöl und Rumrosinen servieren.

ZWETSCHKENKUCHEN

Portionen: 10 • Grillmethode: indirekt • Zubehör: Tarteform mit 28 cm Ø
Vorbereitung: 30 Min. • Garzeit: ca. 45 Min. bei 180 °C
Wartezeit: 30 Min. rasten lassen
Schwierigkeitsgrad: ✪ ✪

ZUBEREITUNG

1 Butter und Staubzucker in einer Küchenmaschine mit einem Knethaken glatt rühren.

2 Ei, Mehl, die geriebenen Haselnüsse, etwas Zimt und Backpulver dazugeben.

3 Zu einem festen Teig kneten, aber nicht zu lange kneten, da der Teig sonst brandig wird.

4 Den Teig im Kühlschrank ca. 30 Min. rasten lassen.

5 Nach dem Rasten den Teig ca. 5 mm dick ausrollen und in eine Tarteform legen, den Rand dabei fest in die Form drücken. Mit einer Gabel kleine Löcher in den Teigboden stupfen.

6 Im vorgeheizten Grill indirekt neben der Glut 15 Min. backen, dabei die Grillhaube schließen.

7 In der Zwischenzeit die Zwetschken entkernen und in Viertel schneiden.

8 Die Butterkekse grob zerbröseln. Auf den vorgebackenen Teig die Keksbrösel verteilen und die Zwetschken kreisförmig auflegen, dabei außen beginnen.

9 Wieder in den heißen Grill stellen und weitere 30 Min. indirekt neben der Glut backen.

10 Zucker, Zimt und Vanillezucker miteinander vermischen und damit den heißen Kuchen bestreuen.

ZUTATEN

115 g Butter
80 g Staubzucker
1 Ei
170 g Mehl
100 g geriebene Haselnüsse
Zimt, gemahlen
8 g Backpulver
750 g Zwetschken
8 Butterkekse
30 g Kristallzucker
Zimt, gemahlen
Vanillezucker

BBQ-SAUCE

Portionen: 2 Gläser à 350 g • Vorbereitung: 20 Min. • Schwierigkeitsgrad:

ZUBEREITUNG

1. Alle Zutaten bis auf die Zwiebeln in einem Topf 5 Min. kochen lassen.
2. Danach die Röstzwiebeln dazugeben und die Sauce ca. 5 Min. einkochen lassen, dabei mit einem Stabmixer kurz aufmixen.
3. Noch heiß randvoll in Gläser füllen, verschließen, auf den Kopf stellen und erkalten lassen.
4. Im Kühlschrank ist die Sauce (*Bild nebenan*) mehrere Wochen haltbar.

ZUTATEN

125 ml Apfelessig
400 ml Apfelsaft
100 g Tomatenmark
20 g Basic Rub (Rezept unten) • 15 g Rauchsalz
1 Knoblauchzehe
40 ml Whiskey
40 ml Sojasauce • 200 g Zucker • 60 g Röstzwiebeln

GOLIS BBQ RUB

Portionen: für 1 kg Rub • Vorbereitung: 10 Min. • Schwierigkeitsgrad:

ZUBEREITUNG

1. Für Golis BBQ Rub einfach alle Zutaten gut miteinander vermengen.

ZUTATEN

70 g schwarzer Pfeffer, gemahlen • 210 g Paprikapulver, ungarisch Delikatesse
170 g brauner Zucker
165 g Selleriesalz
165 g Knoblauchsalz
35 g Chili, geschrotet mit Saat • 30 g gelbes Senfmehl
30 g Majoran, gerebelt
30 g Thymian, gerebelt
30 g Kumin, gemahlen
65 g Koriander, geschrotet

Apfelvinaigrette

Chimichurri

BBQ-Senf

Coleslaw

Knoblauch-Kräuterbutter

Knoblauch-Kräuterbutter zum Überbacken

Minzpesto

Sourcream

APFELVINAIGRETTE

Portionen: 6 • Vorbereitung: 10 Min. • Schwierigkeitsgrad:

ZUBEREITUNG

1 Den Apfelsaft auf ein Viertel einreduzieren.
2 Mit den restlichen Zutaten vermischen und abschmecken.

——— TIPP ———

 Apfelvinaigrette passt hervorragend zu Fisch.

ZUTATEN

500 ml Apfelsaft naturtrüb
4 EL Apfelwürfel, 2 x 2 mm
4 EL Tomatenwürfel,
2 x 2 mm
1 EL gehackter Kerbel oder
gehackte Petersilie
2 EL Rapsöl
2 EL Apfel-Balsamessig
Salz, Pfeffer aus der Mühle

BBQ-SENFSAUCE

Portionen: 2 Gläser à 250 g • Vorbereitung: 20 Min. • Schwierigkeitsgrad:

ZUBEREITUNG

1 Butter in einem Topf erhitzen und die Senfkörner,
die Speckwürfel und die geschnittene Zwiebel darin
glasig anschwitzen.
2 Den Senf und alle übrigen Zutaten dazugeben und auf
die gewünschte Konsistenz einkochen lassen, mit Salz
und Pfeffer aus der Mühle abschmecken. Noch heiß in
Gläser füllen und sofort zuschrauben.

——— TIPP ———

 Im Kühlschrank ist die Sauce mehrere Wochen haltbar.

ZUTATEN

20 g Butter
2 EL gelbe Senfkörner
25 g Speckwürfel, fein
geschnitten
1 kleine Zwiebel,
feinwürfelig geschnitten
je 100 g Grill- u. Honigsenf
125 ml Apfelessig
90 g brauner Zucker
1 EL frisch gehackte Kräuter
Salz u. Pfeffer aus der Mühle

CHIMICHURRI

Portionen: 1 Glas mit ca. 350 g • Vorbereitung: 10 Min. • Schwierigkeitsgrad:

ZUBEREITUNG

1 Petersilie, Karotten, Jungzwiebel, Knoblauch und Chili in der Küchenmaschine mit kurzen Stößen zerkleinern.
2 Die restlichen Zutaten dazugeben und so lange pürieren, bis die Sauce bindet.
3 Sollte die Sauce zu dick werden, etwas Wasser dazugeben.

ZUTATEN

100 g frische glatte Petersilie
25 g Karotten
25 g Jungzwiebel
4 Zehen Knoblauch
1 kleine rote Chilischote
125 ml hochwertiges Olivenöl
30 ml Apfelessig
1 TL getrockneter Oregano
2 TL geräuchertes Salz
Pfeffer aus der Mühle

COLESLAW

Portionen: 6 • Vorbereitung: 15 Min. • Wartezeit: 1 Std. • Schwierigkeitsgrad:

ZUBEREITUNG

1 Für den Coleslaw Weißkraut in feine Streifen schneiden, Karotten schälen und in feine Streifen schneiden, am besten mit einem Gemüsehobel.
2 Dann die Zwiebel schälen und ganz fein schneiden.
3 Gemüse zusammenmischen und mit Crème fraîche, Limettensaft, Rohrzucker und Salz marinieren.
4 Den Coleslaw im Kühlschrank mindestens 1 Std. durchziehen lassen.

ZUTATEN

½ Weißkrautkopf (Weißkohlkopf)
2 Karotten
1 Zwiebel
150 g Crème fraîche
1 Limette (Saft)
2 TL Rohrzucker
Salz

KNOBLAUCH-KRÄUTERBUTTER

Portionen: ergibt 300 g • Vorbereitung: 10 Min. • Wartezeit: 2 Std. • Schwierigkeitsgrad:

ZUBEREITUNG

1 Butter etwas aufschlagen, abschmecken mit Salz, Pfeffer aus der Mühle, Curry, Knoblauch (darf gepresst werden) und frischen Kräutern, alles gut verrühren.

2 Die noch weiche Kräuterbutter mit einem Dressiersack (Sterntülle) auf Backpapier dressieren und im Kühlschrank fest werden lassen.

ZUTATEN

250 g Butter
Salz, Pfeffer aus der Mühle
3 g Curry
4 Zehen Knoblauch oder nach Geschmack
2 EL frische gehackte Kräuter

MINZPESTO

für Desserts

Portionen: 1 Glas mit ca. 300 g • Vorbereitung: 10 Min. • Schwierigkeitsgrad:

ZUBEREITUNG

1 Die Minzblätter mit einem scharfen Messer fein schneiden.

2 Danach mit dem Zucker im Mörser kräftig zerstoßen, die geriebenen Mandeln dazugeben und weiter mörsern, bis ein feines trockenes Pesto entsteht.

3 Den Saft von ½ Zitrone und einen Schuss Weißwein dazugeben und nochmals kräftig im Mörser durchrühren, bis eine sämige Minzpaste entsteht.

ZUTATEN

25 g frische Minzblätter
120 g Zucker
100 g geschälte Mandeln, gerieben
½ Zitrone (Saft)
60 ml Weißwein

KNOBLAUCH-KRÄUTERBUTTER
zum Überbacken

**Portionen: ergibt 500 g • Zubehör: Alufolie • Vorbereitung: 10 Min. • Wartezeit: 2 Std.
Garzeit: bei starker Hitze nach ca. 5 bis 10 Min. goldbraun • Schwierigkeitsgrad: ★**

ZUBEREITUNG

1 Butter etwas aufschlagen, abschmecken mit Salz, Pfeffer aus der Mühle, Curry, Knoblauch (darf gepresst werden) und frischen Kräutern, alles gut verrühren.

2 Den geriebenen Parmesan untermischen und zum Schluss die Semmelbrösel dazugeben.

3 Am besten die noch weiche Masse auf ein Stück Alufolie geben und zu einer Stange mit ca. 4 cm Durchmesser einrollen.

4 Im Kühlschrank mindestens 2 Std. fest werden lassen und danach in 0,5 cm dicke Scheiben schneiden.

ZUTATEN

200 g Butter
Salz, Pfeffer aus der Mühle
3 g Curry
4 Zehen Knoblauch oder nach Geschmack
1 EL frische gehackte Kräuter
200 g Parmesan
100 g Semmelbrösel (Paniermehl)

SOURCREAM

**Portionen: ergibt 500 g • Vorbereitung: 10 Min. • Schwierigkeitsgrad: **

ZUBEREITUNG

1 Alle Zutaten miteinander glatt rühren.

ZUTATEN

250 g Magertopfen (-quark)
250 g Sauerrahm (saure Sahne)
Salz, Pfeffer aus der Mühle
4 EL frisch geschnittener Schnittlauch
1 EL Apfelessig
½ EL Zucker

FACHBEGRIFFE & ABKÜRZUNGEN

3-2-1 Methode Spezielle Zubereitungsart für Spareribs, 3 h barbecuen, 2 h in Folie garen, 1 h Finish; die Temperatur sollte während der gesamten Garzeit 120 °C nicht überschreiten.

Anzündkamin/AZK Metallzylinder zum Anzünden und Durchglühen der Grillkohle.

Anzündwürfel Würfel oder Bündel aus Kokos, Holzwolle oder Paraffin; wird zum Anzünden der Grillkohle oder Grillbriketts verwendet.

Asado Südamerikanische Zubereitungsart, bei der das Grillgut nicht direkt über der Wärmequelle, sondern in einem Abstand von ca. 0,5 m fast senkrecht stehend oder auf einem Grillrost über mehrere Stunden gegrillt wird.

Baby Back Ribs Rippenknochen aus dem Kotelettzuschnitt zwischen Rücken und Bauch.

Barbecuen/BBQ Grillmethode, bei der große Fleischstücke langsam bei mäßiger Temperatur gegart werden, als Brennstoff dienen meistens Holz oder Holzkohle.

Bardieren Fleisch mit Speck umwickeln, damit es beim Grillen nicht austrocknet.

BBC „Beer Butt Chicken" „Bierdosenhendl"; ein ganzes Huhn wird stehend auf einer geöffneten Bierdose indirekt gegrillt – absoluter Grillklassiker!

Beef Brisket/BB Gegrillte Rinderbrust – Königsdisziplin beim Barbecue.

Blanchieren Gemüse in siedendem Salzwasser kurz kochen.

Branding Grillmuster, das beim direkten Grillen am Grillgut entsteht.

Brandstifter Spezieller Anzündwürfel aus recycelten Wertstoffen, made in Austria.

Brine Dünnflüssige Marinade oder Lake, in der Grillgut über Nacht eingelegt wird.

Brunoise Schneideart: Würfel mit 2 x 2 x 2 mm Größe, meistens für Gemüse.

Chuckwagon Smoker mit zusätzlichem, vertikalem Räucher- bzw. Garraum.

Churrasco Brasilianische Zubereitungsart, bei der meistens Rindfleisch in große Stücke geschnitten, mit grobem Salz gewürzt und auf Spießen über Holzkohle oder offenem Feuer gegrillt wird.

Competition Cut Spezieller Schnitt bei fertig gegrillten Spareribs, dabei wird jeder zweite Knochen entfernt. Somit ist auf den verbleibenden Knochen mehr Fleisch für den Juror.

Concasse Schneideart: Würfel mit 5 x 5 x 5 mm Größe, zum Beispiel für geschälte entkernte Tomaten.

Direkt Grillen Grillgut direkt über der Glut oder Hitzequelle zubereiten.

Dry Rub Trockene Gewürzmischung, meistens mit Salz fertig gemischt.

Dutch Oven/DO Schwerer Topf aus Gusseisen mit Deckel, der im Regelfall unterhalb und auf dem Deckel mit glühenden Grillbriketts oder Kohlen erhitzt wird.

Farce Fein gecutterte Masse; wird zum Füllen oder Umhüllen verwendet, meistens wird dafür Fleisch oder Gemüse verwendet.

Filetieren hat drei Bedeutungen:

- Bei Fischen das Lösen der fleischigen Seitenteile (Filets) von den Gräten.
- Bei Zitrusfrüchten das Entfernen von Schale und Häuten bis zum Fruchtfleisch.
- Bei Schlachttieren das Heraustrennen des Fleisches auf beiden Seiten des Rückgrats.

Finishen Ein Gericht am Teller vollenden; das letzte i-Tüpfelchen geben.

Fond Flüssigkeit, die beim Kochen von Gemüse, Fleisch, Fisch, Geflügel entsteht und als Grundlage zur Zubereitung von Saucen und Suppen dient.

Glasieren Das Grillgut meistens zum Ende hin mit einer Gewürzsauce bestreichen.

Grammeln, Grieben Österreichische Spezialität aus Schweinespeck.

Gratin Im DO oder Grill überbackenes, überkrustetes Gericht, zum Beispiel Kartoffelgratin.

Gratinieren Überbacken oder Überkrusten; es bildet sich auf der Oberfläche einer Speise durch starke Oberhitze eine braune Kruste.

Griddle Glatte oder gerillte Grillplatte aus Stahl, Alu oder Gusseisen.

Indirektes Grillen Grillgut neben der Glut oder Hitzequelle bei geschlossener Grillhaube garen.

Injizieren Eine Marinade oder flüssige Butter mit einer Spritze ins Grillgut impfen.

Jehova Bezeichnung im Grilljargon für Alufolie.

Julienne Schneideart: feine Streifen.

Jus Bezeichnung für einen konzentrierten, entfetteten Fleischfond oder Bratensaft.

Karamellisieren Zucker in einer Pfanne schmelzen, bis er Farbe nimmt.

Kerntemperatur/KT Temperatur, im Inneren/Kern des Grillguts gemessen.

Konfieren Gemüse, Fleisch oder Geflügel in Fett oder Öl schonend garen.

Marinieren Grillgut mit Gewürzen oder in Marinade über einen längeren Zeitraum einlegen, dadurch dringen Gewürze und Säure tief in die Speisen ein und machen sie aromatischer und zarter.

Medaillons Runde Fleischscheiben, vorwiegend aus Filets geschnitten.

Minion-Methode Bei dieser Grillmethode werden die Grillbriketts ringförmig angeordnet und nur an einer Stelle entzündet, dadurch brennt die Kohle sehr langsam mit einem Dominoeffekt nieder und die Temperatur bleibt dabei sehr konstant.

Mirepoix Schneideart: Würfel mit 2 x 2 x 2 cm Größe, Suppengemüse wird auch sehr gerne als Mirepoix bezeichnet.

Mise en Place Vorbereitungsarbeiten; Werkzeug, Gewürze, Beilagen usw. vorbereiten und griffbereit anordnen – für einen schnellen Ablauf beim Zubereiten der Speisen.

Montieren Aufschlagen von Suppen oder Saucen mit kalten Butterflocken; dadurch wird die Suppe oder Sauce sämiger.

Moppen Auftragen einer Mopsauce auf das Grillgut mit einem Saucenmop oder Pinsel.

Mopsauce Sauce oder Fond, der auf das Grillgut aufgetragen wird und das Austrocknen verhindert.

PAO Zubereitungsart im Wok; dabei werden Fleisch oder andere Zutaten in brennendem Öl geröstet.

Parieren Fleisch zuputzen, von Fett und Sehnen befreien.

Passieren Durchseihen von Flüssigkeiten wie Saucen oder Suppen oder das Durchstreichen von Mus, Früchten und Fleischfarcen durch ein Sieb.

Pfannenrühren Fleisch, Gemüse oder andere Lebensmittel in einer Wokpfanne bei hoher Hitze schwingend rösten.

Pimpen Den Grill tunen oder „aufmotzen"; mit Verzierungen oder technischen Extras ausstatten.

Plank Grilling Dabei wird das Grillgut schonend auf einem Holzbrett zubereitet, die Speisen nehmen während des Grillens den Geschmack und den Rauch des Holzes auf.

Pulled Pork/PP Gezupftes Schwein ist eine Art Schweinebraten, der bei Temperaturen von ca. 100–120 °C so lange indirekt gegrillt bzw. gesmokt wird, bis das Fleisch so zart ist, dass es mit Gabeln gezupft werden kann; gehört neben Beef Brisket und Spareribs zu den „Holy Trinity" des BBQ.

Räuchern Ähnlich wie beim Barbecue, aber mit weniger Temperatur, dafür mit mehr Rauch.

Reduzieren Flüssigkeiten bis zu einer gewünschten Dicke/Konsistenz einkochen lassen.

Rib Rack Halter für Spareribs oder Baby Back Ribs.

Rösten In der Pfanne oder auf der Grillplatte braten lassen.

Rotisserie Bezeichnung für einen elektrisch betriebenen Grillspieß.

Roux Mehlschwitze, auch Einbrenn genannt, ist eine erhitzte Mischung aus Weizenmehl und Fett, die zum Binden von Suppen und Saucen verwendet wird, auch getrocknet erhältlich.

Rubben Das Grillfleisch mit trockenen Gewürzen einreiben.

Schmoren Das Grillgut im eigenen Saft garen lassen, zum Beispiel in einer Grillschale.

Schröpfen Einschneiden von Speisefischen, um die Gräten zu zerkleinern. Dazu werden in den Fisch oder die Filets Schnitte im Abstand von wenigen Millimetern quer zur Grätenrichtung gesetzt, ohne das Fleisch beim ganzen Fisch bzw. die Haut beim Filet komplett zu durchtrennen.

Side Fire Box/SFB Diese befindet sich außerhalb der Garkammer und liegt meist etwas tiefer. Als Brennstoff werden Holz, Holzkohle oder Grillbriketts verwendet. Die entstehende Hitze wird dann in die Garkammer geleitet und gart das Grillgut schonend.

Smoker Grillgerät, das zum Smoken oder Barbecuen verwendet wird; es gibt viele unterschiedliche Bauweisen wie Barrel Smoker, Water Smoker, Ugly Drum Smoker usw.

Sous vide Spezielle Garmethode, bei der das Gargut in Vakuumbeutel eingeschweißt und im Wasserbad bei exakt gesteuerter Temperatur zubereitet wird. Beim Grillen werden auf diese Weise große Steaks bis zur gewünschten Garstufe, zum Beispiel medium, im Sous-vide-Becken vorbereitet und müssen danach nur mehr ganz kurz bei hoher Hitze gegrillt werden, um ein Branding und Röstaromen zu erhalten.

Spareribs Das englische Wort für Schälrippchen und bezeichnet im ursprünglichen Sinn nur die Rippen aus dem Schweinebauch und nicht die Karree-Rippen (Baby Back Ribs).

Spicken Dabei werden kleine Löcher ins Grillgut gestochen und mit Kräutern, Gemüse oder Speckstreifen gefüllt, letzteres kann auch mithilfe einer Spicknadel erfolgen.

Surbraten Ein Braten, der gesurt bzw. gepökelt wurde; durch das Nitrit im Pökelsalz erhält das Fleisch eine rote Färbung bei der Zubereitung.

TK Abkürzung für tiefgekühlt. Die Endung .tk, wie bei meiner Website www.goli.tk, steht für Tokelau, eine kleine Insel im Südpazifik.

Toppen Fertig angerichtete Speisen mit ein paar Tropfen Gewürzöl oder Dressing vollenden.

Tranchieren Das richtige und fachgerechte Zerlegen von Fleisch, Fisch und Geflügel.

UDS Ugly Drum Smoker; diese werden meist aus 200-l-Metallfässern selbst hergestellt und eignen sich perfekt zum Barbecuen über einen längeren Zeitraum.

Unterheben Auch unterziehen genannt, ist eine Tätigkeit, bei der geschlagene Lebensmittel, zum Beispiel Eischnee, vorsichtig unter die Grundmasse gerührt werden.

Vinaigrette Kalte Sauce aus Essig und Öl; je nach Geschmack kann diese auch mit frischen Kräutern, fein geschnittenen Zwiebeln oder Fruchtstücken verfeinert werden.

Woken Fleisch, Gemüse oder andere Lebensmittel in einer Wokpfanne zubereiten.

Wok hei Ausgesprochen he-i, beschreibt den Geschmack, den Geruch und das Aroma, die einem Essen verliehen werden, wenn es unter Einfluss hoher Temperaturen oberhalb der 200-°C-Grenze in einem Stahl-Wok zubereitet wurde.

Wood Chips Holzspäne, die beim indirekten Grillen einen zusätzlichen Rauchgeschmack erzeugen; gibt es in vielen Holzsorten und Geschmacksrichtungen.

ANHANG

GOLIS GRILLSCHULE

"Kochen kann man lernen, zum Grillen wird man geboren", besagt ein französisches Sprichwort. Aber keine Angst, heutzutage ist alles erlernbar – auch Grillen gehört dazu. Ich gebe aber zu, als gelernter Koch war es leichter, weil ich viele Jahre mit dem Umgang von Lebensmitteln und der Zubereitung von Speisen zu tun hatte.

Ich habe über 20 Jahre in der Gastronomie als Koch und davon acht Jahre als Küchenchef gearbeitet, selbstständig eingekauft, unzählige Veranstaltungen geplant und Menüs zubereitet.

In meinen Grillseminaren gebe ich dieses Wissen gerne weiter und zeige den Kursteilnehmern, dass es nicht wirklich schwer ist, einmal was Neues am Grill auszuprobieren oder eine größere Grillparty zu planen, vorzubereiten und am Grill zu verwirklichen.

In meiner Grillschule kann man viele verschiedene Facetten des Grillens live erleben. Es beginnt bei der Auswahl der Brennstoffe und der Frage, ob man die verschiedenen Brennstoffe auch schmecken kann. Natürlich besprechen wir, welcher Grill sich für welche Zubereitungsart besonders gut eignet und auch, welcher Grill zu welchem Typ passt. Damit nicht nur Theorie gelehrt wird, grillen wir auch mit Gas, Holzkohle, Pellets und Holz.

Es wird erklärt, was die Unterschiede zwischen direktem und indirektem Grillen, zwischen Barbecue oder Räuchern sind. Auch auf die Gefahren, die beim Umgang mit Feuer und Flamme zu beachten sind, wird eingegangen. Ganz entscheidend für eine gelungene Grillparty ist die Qualität der Speisen. Wie man qualitativ hochwertige Lebensmittel erkennt, wie diese vorbereitet und perfekt am Rost zubereitet werden, wird ebenfalls beantwortet. Wir grillen nicht nur Fleisch, sondern auch Geflügel, Fisch, Meeresfrüchte und Gemüse. Natürlich dürfen Desserts vom Grill nicht fehlen.

Ich zeige kreative Rezeptideen, die leicht nachzumachen sind, und erkläre wichtige Handgriffe, damit es auch zu Hause gelingt. Alle Fragen zum Thema Einkauf, Vorbereitung, Grillen, Barbecue und zu den Geräten, aber auch Fragen über Wettbewerbe werden gerne beantwortet.

Ich betreibe eine freie Grillschule, das heißt, ich unterliege keinem Markenzwang und bin keinem Grillhersteller verpflichtet. Natürlich gibt es für mich einige Grillgeräte, die ich selber gerne benutze und auch weiterempfehle. Ein Grillkurs sollte aber objektiv bleiben und keine Produktpräsentation sein und schon gar nicht in einer Verkaufsveranstaltung enden. Die Informationen zum Thema Grillen und das Zubereiten von Grillgerichten stehen bei mir jedenfalls im Vordergrund. Wer sich einen Grill anschaffen will, aber nicht genau weiß, wie und womit er grillen möchte, ist auch gerne bei mir willkommen. Gemeinsam versuchen wir herauszufinden, welches Grillgerät am besten passt.

Jeder Teilnehmer hat die Möglichkeit, mehrere unterschiedliche Grills und Zubehör gleichzeitig in Aktion zu sehen, diese auch auszuprobieren und natürlich darauf zubereitete Speisen zu verkosten. In meinen Grillseminaren verwende ich nur Zubehör, von dem ich überzeugt bin und welches ich als sinnvoll erachte.

Bei meinen Grillseminaren ist jeder willkommen, ob Unternehmer oder Lehrling, ob Hobbykoch oder Gastronomin, natürlich auch Gruppen, Firmen, Stammtischrunden oder Vereine. Jeder Seminarteilnehmer erhält umfangreiche Kursunterlagen, Infomaterial und natürlich auch alle Rezepte zum Nachgrillen.

Auch der Spaß sollte bei einem Grillseminar nicht zu kurz kommen, wir grillen in lockerer, ungezwungener Atmosphäre, für Speis und Trank wird bestens gesorgt und das natürlich „all inclusive".

SPONSOREN

Unser Grillteam Goli & Chef Partie ist seit Jahren im internationalen Spitzenfeld zu finden. Wir durften bis jetzt bei zwei Grilleuropa- und drei Grillweltmeisterschaften unser Können unter Beweis stellen und haben dabei Tausende Kilometer mit dem Auto, mit Fähren oder Flugzeugen zurückgelegt. Wir grillen immer mit unserem eigenen Equipment, planen die Wettkämpfe akribisch und überlassen nichts dem Zufall.

Wir sind ein buntes Team aus Grillprofis, Topköchen und Individualisten, die gerne viel Zeit investieren, aber auch große Strapazen und Entbehrungen auf sich nehmen, um unser Land im In- und Ausland würdevoll zu vertreten. Bei diesen Grillwettbewerben entstehen auch jedes Jahr sehr hohe Kosten für Anreise, Startgeld, Equipment, Unterkunft und Verpflegung des Teams. Ohne Sponsoren wären wir nie so weit gekommen, darum möchte ich im Namen des gesamten Teams Danke sagen an alle unsere Unterstützer, die uns seit Jahren begleiten.

Hubert Bernegger
EISVOGEL Hubert Bernegger GmbH
Andreas Birngruber
Chef Partie Locations – Catering – Events
Birngruber Gastronomie GmbH
RÖSLE GmbH & Co. KG
Andreas Fischerauer
Alles um den Essig – Beratung & Handel
Christian und Thomas Weiss
Weingut Weiss/Gols
Elmar Fetscher – FIRE&FOOD
das beste Grill- und BBQ-Magazin
Wilhelm Pichler – SPICEWORLD GmbH
der Gewürzexperte
Matthias Otto – Monolith Grill und Smoky Fun BBQ Smoker

DANKSAGUNG

Vor ca. 9 Jahren, im Frühjahr 2007, habe ich mir einen schon lang gehegten Wunsch erfüllt. Ich habe meinen ersten Grill mit Haube, einen relativ günstigen Barrel-Smoker, gekauft. Ab diesem Zeitpunkt hat das Grillen mein Leben ständig begleitet.

Nach meiner ersten Teilnahme an einer nationalen Grillmeisterschaft im Sommer 2007 war der Grundstein zu einer steilen Grillkarriere gelegt. Viele Träume haben sich in diesen 9 Jahren erfüllt, ich wurde Staatsmeister der Amateure, Grillstaatsmeister, Grillweltmeister und -vizeeuropameister, es gab Interviews und Berichte in vielen Medien, Grillrezepte in Zeitungen und Magazinen und seit Sommer 2014 Grillvideos im Internet – produziert von Kochen & Küche TV.

Klar ist, als Goli allein wäre ich nicht so weit gekommen. In erster Linie möchte ich mich bei meiner Frau Marianne bedanken, sie muss seit Jahren drei Kinder, Haushalt, Beruf, Grillteam und mich, also eine fünffache Belastung bewältigen. An zweiter Stelle möchte ich mich bei meinem Grillteam für die tolle Unterstützung bedanken, im Besonderen bei Wilfried Lind alias „Grilli Willi" und meinem Bruder Alexander Gollenz, beide sind, wenn es eng wird, immer zur Stelle. Mit meinem ersten Grillbuch ist ein weiterer meiner Träume wahr geworden – Goli grillt Basics ist erschienen. Viele Freunde und Partner haben mitgewirkt, damit dieses Buch entstehen konnte. Danke an alle Firmen, die dieses

Buch mit Equipment und Produktbildern unterstützt haben:
RÖSLE GmbH & Co. KG
MONOLITH Grill GmbH
CONE/höfats GmbH
Brennwagen/CPM Custom Parts Manufacturing GmbH
Roaring Dragon/MK Trading GmbH
BBQ-Scout GmbH
Schickling EdelDesign GmbH
SteakChamp/TecPoint GmbH
Grillholz/Grillgold e. U.
Brandstifter/Simon Ender
Gourmet Fischgriller/Konrad Glas GmbH & Co. KG
Teller und Geschirr/Theodor R. Rist Gesellschaft m. b. H. Salzburg
Fressbox GmbH

Danke auch an alle Firmen, die dieses Buch mit Waren und Lebensmitteln unterstützt haben:
Eisvogel Hubert Bernegger GmbH
Hofmetzgerei Fuchs
SPICEWORLD GmbH
Andreas Fischerauer
Fischzucht Seeache
GenussBauernhof Hillebrand KG
PRAMOLEUM eGen. m. b. H
Efthimios Christakis

Danke an den Leopold Stocker Verlag und sein Team sowie an meine Fotografen für die geniale Umsetzung:
Lektorat/Angelika Sitzwohl
Layout/Thomas Aldrian & Thomas Sommer
Bilder/Alexander Stiegler
Bilder Bewerbe/Helmut Klein

AUS UNSEREM PROGRAMM

978-3-7020-1553-4
Gerd Wolfgang Sievers
Köstliche Grill- und Bratwürste
Selbst gemacht!
160 Seiten, durchgehend farbig
bebildert, Hardcover, **€ 19,90**

978-3-7020-1165-9
Andreas Fischerauer
Essig & Senf
Selbstgemacht
128 Seiten, über 100 Farbabbildungen,
Hardcover, **€ 16,90**

978-3-7020-1197-0
Franz S. Wagner
Räuchern, Pökeln, Wursten
Schwein, Rind, Wild, Geflügel
160 Seiten, durchgehend farbig
bebildert, Hardcover, **€ 19,90**

978-3-7020-1401-8
Manfred Neuhold
Gewürze aus dem eigenen Garten
Anbau, Ernte & Verarbeitung
136 Seiten, durchgehend farbig
bebildert, Hardcover, **€ 16,90**

Leopold Stocker Verlag
www.stocker-verlag.com
Graz – Stuttgart

AUS UNSEREM PROGRAMM

ISBN 978-3-7020-1297-7

Carsten Bothe
Auf offenem Feuer
Grillen, Braten, Kochen

168 Seiten, über 200 Farbabbildungen, Hardcover
€ 16,90

Ob Gans am Strick oder ein Schwein im
Erdofen gebraten wird, ob der kultige
Dutch-Oven zum Einsatz kommt oder
schlicht Pfanne, Spieß und Grillrost, ob
Roastbeef in der heißen Asche selbst
gegart wird oder Gulasch, Suppen und
Eintöpfe im Kessel schmoren – Kochen
auf offenem Feuer bedeutet auf jeden
Fall mehr als Grillwurst und Folienkartof-
fel! Der Autor zeigt, wie sogar Brot und
Flammkuchen über Feuer einfach geba-
cken werden können.

Der Autor **Carsten Bothe**, Jahrgang 1966,
befasst sich seit frühester Jugend mit
dem Kochen am Feuer und gibt sein Wissen auch in Kochseminaren weiter. Bothe
hat bereits mehrere Bücher zu diesem
Thema verfasst und lebt und arbeitet als
freier Journalist auf einem Hof in Bocke-
nem.

Leopold Stocker Verlag
www.stocker-verlag.com
Graz – Stuttgart